本成果受北京语言大学梧桐创新平台项目资助
(中央高校基本科研业务费专项资金)
(项目批准号：19PT02)

中华传统文化日译

吴珺　〔日〕佐藤芳之——主编

| 编 者 |

宫崎恒平　和田君　李　尧
蜂谷诚　仲玉花　杨慧超　宋　衡
袁旭君　陈瑞锟　陶逸朋　秦　凯

中国出版集团
中译出版社

图书在版编目(CIP)数据

中华传统文化日译 / 吴珺，（日）佐藤芳之主编. —北京：中译出版社，2022.5
ISBN 978-7-5001-6926-0

Ⅰ.①中… Ⅱ.①吴… ②佐… Ⅲ.①中华文化-日语-翻译-高等学校-教材 Ⅳ.①K203②H365.9

中国版本图书馆 CIP 数据核字（2022）第 007659 号

出版发行 / 中译出版社
地　　址 / 北京市西城区新街口外大街 28 号普天德胜大厦主楼 4 层
电　　话 / (010) 68359827, 68359813（发行部）；68359725（编辑部）
邮　　编 / 100044
传　　真 / (010) 68357870
电子邮箱 / book@ctph.com.cn
网　　址 / http://www.ctph.com.cn

策划编辑 / 范祥镇
责任编辑 / 张　旭
封面设计 / 潘　峰

排　　版 / 北京竹页文化传媒有限公司
印　　刷 / 北京玺诚印务有限公司
经　　销 / 新华书店

规　　格 / 710毫米×1000毫米　1/16
印　　张 / 17.5
字　　数 / 260千字
版　　次 / 2022年5月第一版
印　　次 / 2022年5月第一次

ISBN 978-7-5001-6926-0　定价：58.00元

版权所有　侵权必究
中译出版社

序

从 2005 年翻译专业本科设立、2008 年翻译专业硕士设立以来，翻译人才培养不仅在英语，在非英语语种也得到极大的发展。其中，第一批高校日语 MTI 在 2009 年获立。此后约十年间，日语翻译专业人才培养快速发展。据不完全统计，目前有 80 余家高校日语专业开设有 MTI 翻译硕士专业学位点，但另一方面不得不说，日语翻译师资队伍的建设、教材的建设依然处于比较滞后的状态。在现有的中日翻译教材中，笔译教材远多于口译教材、日译中教材远多于中译日教材，教材建设依然面临着不均衡发展的问题。与此同时，翻译行业的权威分析数据早已经表明，中国的翻译行业从 2010 年以后即开始从输入型转向输出型，中译外的翻译市场正在扩大，而中译外翻译人才培养的不足，也正随着中译外教材建设的不足日益捉襟见肘。

可见，当下中日翻译教学和人才培养体系还远不健全。在这样的背景下，吴珺等老师所编写的《中华传统文化日译》是对现有教材体系的一个重要补充，是一本应时应势的好教材。它不仅是中日翻译人才培养的教材，还是一本以中译外为主体、以交替传译训练为目的的口译教材。除此之外，教材的编写还体现出以下几个重要特点。

第一，教材的编写按照问题导向的路径，首先从对照学生译员版本和日语母语专家版之间的差异中发现问题，在问题的解析中寻求并归纳解决问题的思路和方法，由此引导学生译员养成准确度更高的中译日翻译能力。较之以往的口译教材而言，编写的理念和路径具有显著的特点。第

二，在此基础上，以学生译员版和专家版的两个翻译版本作为对比分析的语料，从中找出中译日口译过程中的难点，尤其是高频难点和问题点，其中包括专业术语、概念语等词汇层面的难点，还有句法层面、习惯表达以及认知差异性层面的难点和问题点，在解读解析难点的过程中提炼出有效的中译外（中译日）翻译教学的方式和方法。第三，中译日口笔译过程中，由于中日语言和文化之间拥有共同的汉字、文化相似性、部分认知的相似性等现象，容易影响互译准确度、受众接受自然度等。此教材的编者通过和母语专家之间的研究和解析，为解决此类问题提供了具有明确学术价值和意义的方案，值得借鉴。

《中华传统文化日译》虽然是一本口译教材，但由于取材中国文化讲座，可谓取材巧妙。一方面可以让学生在学习翻译技巧和翻译策略的同时学习中国文化精髓相关知识，提升翻译能力。另一方面，此类翻译教材的编写和使用，不仅契合中国文化走出去战略，契合"讲好中国故事，传播好中国声音"的国家战略，而且对国际传播人才的培养和储备，对中国对外话语体系建构均具有重要的价值和意义，值得关注和借鉴。

杨　玲（北京第二外国语学院教授）
2021 年 7 月 8 日

前　言

北京语言大学日语 MTI 开设于 2015 年。这期间，学校开设了包括交替传译、同声传译等多门课程，"中华文化外译"便是其中一门。教学之初苦于没有合适的教材，教师们四处寻找素材。但所用素材零零散散，不成系统。基于这种需求，包括笔者在内的授课老师经过了很长一段时间的摸索和打磨，整理出这本面向日汉 MTI 研究生和本科高年级学生的教材。《中华传统文化日译》的文本来自北京语言大学教师们的讲座，真实生动。因其涵盖中华书画、君子文化等中国传统文化内容，所以本教材可以作为日语 MTI 研究生"中华文化外译"教材使用。又因文本是讲座的性质，所以也适用于日语 MTI 研究生和本科生高年级的交替传译课程。另外，该教材还适合具备一定口译能力的社会口译学习者自学使用。

本书共分为四个单元共 18 讲，涉及四个传统文化话题，分别是中国的刺绣文化、中国书画、韩非子和中国的君子文化。每一讲都由五个部分构成：第一部分是讲座中文原文段落；第二部分是学生译文，译文都是日语学习年数达五至六年的研究生所译，准确度高；第三部分是专家给出的参考译文，专家译文是在学生译文的基础上，由日语母语者专家和编者团队修改和打磨后完成，具有较高的权威性和参考价值；第四部分是解说，该部分对学生译文和参考译文展开平行对比，吴珺和佐藤芳之从中日不同的视角，对学生译文和专家译文从语言层面、文化层面以及认知层面展开解析，是该教材的重点部分，基本涵盖了中译日在转换过程中存在的常见

问题，为解决此类问题提供了参考和示范，具有一定的学术价值和应用价值；最后一部分是关键表达，罗列了文中出现的重点词汇及其对应日文。

本教材的特点和定位：

1. 目前MTI教育为国家培养了大批实用性和专业化兼具的人才，MTI翻译教育则输出了大量的口笔译人才。就日汉MTI而言，尽管开设了不少专业课程，但是相关教材却不十分完备，尤其是缺少为"中华文化外译"量身定做的教材。并且，业已出版的汉日语对翻译类教材当中，日译中教材远远多于中译日教材。因此本教材的问世能够抛砖引玉，为今后同类教材编写提供一定的借鉴。

2. 本教材以学生译文版本和专家译文版本作为对照，从中日学者不同的角度出发，对语言、认知和文化层面出现的问题进行了详细的解析。此外，所有的解析均用通俗易懂的日文撰写而成，既方便教师讲授，又能让学生在日文的语境下更直观地理解不同表达之间的微妙差异，这也是以往教材中不多见的特色。

3. "讲好中国故事，传播好中国声音"，这是时代的召唤，也是每个外语人所担负的使命。而要做到这一点，我们不仅需要了解传统文化的核心内容，还需要提高自身的外语驾驭能力，同时还需要掌握一些翻译理论，在"道"和"术"方面不断精进。可以说《中华传统文化日译》就为此提供了较为充实的学习内容。

感谢北京语言大学胡俊教授、傅勇教授、宁一中教授、穆杨教授（以书中出现顺序排名），他们的演讲深入浅出，为本书提供了高质量的源文本。也感谢编者团队的辛勤付出，编辑范祥镇老师认真细致的工作态度也让我深感敬佩。力有不逮，疏漏之处在所难免，还请读者们多多指正。

吴　珺
北京语言大学
2021年6月5日

目 录

第一单元　中国的刺绣文化

第一讲 ………………………………………………………… 3
第二讲 ………………………………………………………… 16
第三讲 ………………………………………………………… 29

第二单元　中国书画

第一讲 ………………………………………………………… 47
第二讲 ………………………………………………………… 59
第三讲 ………………………………………………………… 70
第四讲 ………………………………………………………… 82
第五讲 ………………………………………………………… 94
第六讲 ………………………………………………………… 108
第七讲 ………………………………………………………… 120
第八讲 ………………………………………………………… 134

第九讲 ……………………………………………………… 149
第十讲 ……………………………………………………… 161

第三单元　韩非子

第一讲 ……………………………………………………… 187
第二讲 ……………………………………………………… 201

第四单元　中国的君子文化

第一讲 ……………………………………………………… 229
第二讲 ……………………………………………………… 246
第三讲 ……………………………………………………… 258

第一单元　中国的刺绣文化

第一讲

演讲者：胡　俊

【原文❶】
　　刺绣是最古老、最优秀的中国传统文化之一，养蚕业（丝的出产以及为此进行的蚕的养育）据说起源于中国。目前，国内外专家都认为最早的刺绣开始于中国。中国的刺绣深深扎根于中国文化，同时渗透进中国人民的生活，并在中国民间智慧、宗教、哲学、文化和艺术等诸多方面留下了不可磨灭的印记。

【学生译文】
　　中国でもっとも古く優秀な伝統芸術の一つとして、刺繍が挙げられる。養蚕（絹を生産すること、またそのために蚕を飼うこと）は古代中国から始まったとされ、現在、中国国内および海外の専門家は、最初の刺繍は中国から発祥したとみている。刺繍は中国の文化にしっかりと根を下ろし、中国の人々の生活に浸透しているのみならず、中国の民間知恵、宗教、哲学、文学、芸術など様々な分野で甚大な影響を与えてきた。

【参考译文】
　　刺繍は、中国において最も古く、最も素晴らしい伝統芸術の一つです。養蚕業つまり絹を生産するために蚕を飼うことは古代中国で始ま

ったとされ、現在、中国国内や海外の専門家は、中国が刺繍発祥の地であると考えています。刺繍は中国の文化にしっかりと根を下ろし、中国の人々の生活に浸透しているのみならず、中国の民間の知恵、宗教、哲学、文学、芸術など様々な分野に消すことのできない痕跡を残しました。

【解说】

1. 「～だ」→「です・ます」
　一般に日本の社会人の会話では、「です・ます」を使います。大学などの公開講座においても基本はかわりません。

2. 最优秀→優秀→素晴らしい
　日本語の「優秀」はおもに人に使われます。例えば、「優秀な人材」、「あの学生は成績優秀だ」などです。

3. 最早的刺绣开始于中国→最初の刺繍は中国から発祥した→中国が刺繍発祥の地である
　「発祥」には、"最早"の意味が含まれているので、「最初」は必要ないでしょう。意味の重複に気をつけましょう。

4. 留下了不可磨灭的印记→甚大な影響を与えてきた→消すことのできない痕跡を残しました
　「甚大」は「甚大な被害をもたらす」など、マイナスの意味を表すときに使われます。また、「影響を与えた」では表現が弱すぎます。原文に忠実な訳語を考えましょう。

【关键表达】

原文	参考訳
刺绣	刺繍（ししゅう）

第一单元　中国的刺绣文化

原文	参考訳
最古老	最も古い
最优秀	最も素晴らしい
养蚕	養蚕(ようさん)
养蚕业	養蚕業
丝的出产	絹(きぬ)の生産
刺绣图案	刺繡の文様
针线活	縫(ぬ)い物(もの)
扎根	根を下(お)ろす
兴起	台頭(たいとう)する
不可磨灭的印记	消すことのできない痕跡(こんせき)
非物质文化遗产	無形文化遺産(むけいぶんかいさん)
发祥地	発祥(はっしょう)の地(ち)
渗透进生活	生活に浸透(しんとう)している

【原文❷】

暖场问题

自远古时代起，"锦"和"绣"两个字便一道被中国人用于描绘绚烂和精致的事物。

你能想到哪些词中带有这两个字吗？

"锦"字与"绣"字中，哪个字运用得更为广泛呢？

【学生译文】

ウォーミングアップ

古代から、中国人は輝かしい、または精巧だと思われる物事を描くときに、よく「錦」と「繡」という二つの漢字を一緒に用いている。

（1）この二つの漢字が含まれる語彙をいくつか思い出してみましょう。

（2）「錦」と「繡」、どちらがより使われているか考えてみましょう。

【参考译文】

ウォーミングアップ

古代から、中国人は絢爛で精緻なものを描写するときに、よく「錦」と「繡」という二つの漢字を一緒に使います。

（1）この二つの漢字が含まれる言葉を知っていますか。

（2）「錦」と「繡」では、どちらがより使われているでしょうか。

【解说】

1. "锦"和"绣"→輝かしい、または精巧だ→絢爛で精緻なもの

「輝かしい」だけでは"绚烂"の意味が正しく伝わりません。「輝かしい」は"辉煌"の訳で使われることが多いです。また、精緻も精巧も漢語です。ここは原語をそのまま使えばよいでしょう。

2. 你能想到哪些词中带有这两个字吗？→この二つの漢字が含まれる語

彙をいくつか思い出してみましょう→この二つの漢字が含まれる言葉を知っていますか

　「〜みましょう」という表現は教科書的で先生が生徒に対してよく使う言い方です。「思い出す」は過去の経験や忘れていたことを思い浮かべることです。ここでの"你能想到〜吗？"は思い出すことではありません。

【原文❸】

中国刺绣的历史
中国刺绣的起源

　　刺绣艺术据传最先在中国被熟知并运用。据《尚书》(写于春秋时期，即公元前770—前476) 中的《益稷》篇讲，传说中的帝王舜曾命令禹制作衣服：

　　予欲观古人之象：日月星辰，山龙华虫，作绘宗彝，藻火粉米，黼黻絺绣，以五采彰施于五色作服。(《尚书·益稷》)

【学生译文】

中国刺繡の歴史
中国刺繡の起源

　刺繡芸術は最初、中国で広がり、応用されていたと言われている。『尚書』の「益稷」によれば、伝説の帝王舜が禹に服を作らせたということがある：

　予古人の象を観、日月星辰、山龍華蟲、會を作し宗彝藻火粉米、黼黻絺繡し、五采を以て彰かに五色を施し、服を作らんと欲す。

【参考译文】

中国刺繡の歴史
中国刺繡の起源

　刺繡の芸術は中国で生まれ、広まっていったと言われています。『尚書』(『書経』とも呼ばれ、春秋時代(前770～前467)に書かれた中国最古の歴史書)の「益稷」には、伝説上の帝王である舜が禹に命じて、服を作らせたという話があります：

　予古人の象を観、日月星辰、山龍華蟲、會を作し宗彝藻火粉米、黼黻絺繡し、五采を以て彰かに五色を施し、服を作らんと欲す。

【解说】

1. 在中国被熟知并运用→中国で広がり、応用されていた→中国で生まれ、広まっていった

「応用」は、習った知識や理論、技術などを実際にあてはめて使うことで、いわゆる活用することです。また「運用」はルールに則って行われる意味が含まれます。

2. 帝王舜→帝王舜→帝王である舜
　「帝王舜」という言い方もできますが、「舜」は一般の日本人にはなじみが薄く、「帝王である舜」と説明したほうが丁寧です。

3. 传说中的帝王舜曾命令禹制作衣服→伝説の帝王舜が禹に服を作らせたということがある→服を作らせたという話があります
　「～ことがある」は事例やものごとを紹介するときに使うことが多いです。ある物語の中のエピソードなどを紹介する場合は、「～という話があります」という表現がよく使われます。

【关键表达】

原文	参考訳
刺绣艺术	刺繡(ししゅう)の芸術
《尚书》	『尚書(しょうしょ)』/『書経(しょきょう)』
古人之象	古人(こじん)の象(しょう)
日月星辰	日月星辰(じつげつせいしん)
山龙华虫	山龍華蟲(さんりゅうげちゅう)
宗彝藻火粉米	宗彝藻火粉米(そういそうかふんべい)
黼黻絺绣	黼黻絺繡(ほふつちしゅう)
帝王舜	帝王である舜(しゅん)
公元前	紀元前(きげんぜん)
在中国被熟知并运用	中国で生まれ、広まっていった

【原文❹】

　　从此，刺绣有了装饰用途，刺绣设计也被赋予了象征性。上述十二种图像只用于帝王的服饰，因为帝王被认为是天之骄子——全天下的统治者。古代的高官则依据官位高低允许衣着上出现不同象征意味的刺绣图案，刺绣在古代因而和社会地位挂钩。随着经济的发展，刺绣才逐渐进入寻常百姓的生活。尽管最杰出而且最为光彩照人的刺绣在很长一段时间里多用于男士的装饰——其官服是重中之重——中国女性对刺绣这门艺术的发展起了十分重要的作用，针线于她们就如画笔和颜料于画家那样。从前的中国女性很小年纪就要开始学习针线活，并要负责缝制日常生活的许多东西。她们的艺术天分多体现在针线活中，因而提到中国刺绣，我们必须向中国女性致敬。

【学生译文】

　　それ以来、刺繍に装飾的用途が出現してきた一方、刺繍の設計にも象徴的意味が与えられようになった。古代では、服装に用いられる刺繍の文様は社会的地位の上下を表していた。古代の帝王は「天子」、すなわち世界を支配する人物であるため、上述の十二の文様は帝王の服装だけに使われた。また、古代の官僚の服装に使われる刺繍の文様に厳しい制限があり、その文様は地位の上下によって異なっていた。やがて経済の発展に伴い、刺繍はだんだん民間に広く普及するようになった。長い年月に渡って、刺繍というとても素晴らしい芸術は、男性の服装のみ、とりわけ彼らの官服の装飾に用いられてきた。しかし、刺繍芸術の発展において、女性の役割も大変重要であった。彼女たちにとって、針と糸は画家の絵の具のようなものであった。古来より、中国の女性は幼い頃から縫い物を学び、多くの日用品を生産してきた。彼女たちの芸術才能は縫い物に表されているため、中国刺繍を語る際には、中国の女性に敬意を表するべきである。

【参考译文】

　　これ以降、刺繍は装飾としての意味合いを持つようになるとともに、

刺繍のデザインには象徴的な意味が与えられようになりました。古代の帝王は「天子」、すなわち全世界の統治者であると考えられていたため、先ほど話した12の文様は帝王の服装だけに使われました。また、古代の官僚は、その地位によって、服装に使用できる刺繍の文様も制限を受けていました。その後、経済の発展に伴い、刺繍はだんだん一般の人々の間にも広まっていきました。大変優れ、人々を魅了してきたこの刺繍は、長い間男性の装飾、とりわけ彼らの官服の装飾に用いられてきましたが、刺繍の芸術的発展においては、中国の女性も重要な役割を果たしてきました。彼女たちにとって、針と糸は画家にとっての筆と絵の具のようなものでした。古来より、中国の女性は幼い頃から裁縫を習い、多くの日用品を作ってきました。彼女たちの芸術センスは裁縫の中に体現されているため、中国刺繍について語る際は、中国の女性に敬意を表すべきです。

【解説】
1. 有了装饰用途→装飾的用途が出現してきた→刺繍は装飾としての意味合いを持つようになる

  学生の訳の→「装飾的用途が出現してきた」は直訳です。文脈に沿った訳を考えましょう。

2. 上述→上述→先ほど話した

  「上述」は書き言葉で、論文・論説などでよく用いられる表現です。

3. 帝王被认为是天之骄子→古代の帝王は「天子」、すなわち世界を支配する人物である→古代の帝王は「天子」、すなわち全世界の統治者であると考えられていた

  "被认为"は「～である」と断定するのではなく、「～であると考えられていた」と訳したほうが原文に即した訳になります。

4. 针线活→縫い物→裁縫

「縫い物」でもかまいませんが、「裁縫」のほうが広く使われる一般的な言葉です。ほかに「針仕事」という表現もあります。

5. 并要负责缝制日常生活的许多东西→多くの日用品を生産してきた→多くの日用品を作ってきました

「生産してきた」は一般に工場での生産をイメージさせます。また、「生産」は大量生産、生産量、生産者など熟語で使うことも多いです。

6. 艺术天分→芸術才能→芸術センス

「芸術才能」は単なる置き換えに近いです。通常、名詞と名詞の間には「の」が必要で、「芸術の才能」とは言えます。また、「芸術センス」は語の結びつきが強く、一語とみなすことが可能です。もちろん「芸術のセンス」とも言えます。

【关键表达】

原文	参考訳
刺绣图案	刺繍の文様(もんよう)
寻常百姓	一般の人々
最杰出	大変優れた
针线活	裁縫(さいほう)
艺术天分	芸術のセンス

第一单元　中国的刺绣文化

【原文❺】

中国刺绣的发展

一直到汉代（公元前202—公元220），刺绣在技巧和艺术形式上才发展成熟。魏（220—265）、晋（265—420）、隋（581—618）、唐（618—907）年间，来自佛教、带有宗教意味图像的引入丰富了刺绣的发展。到宋代（960—1279），刺绣的功能有了区分：用于日常生活的艺术以及用于艺术的艺术，后者融合了书法和绘画艺术。明代（1368—1644）资本主义的兴起使得刺绣得以广泛的传播，各个阶层的人们都开始使用刺绣。到了清代（1636—1912），随着国门打开，日本元素甚至于西方艺术都得以融入刺绣，同时刺绣在中国不同地区得到了发展，使其形式更加多样化。

【学生译文】

中国刺繍の発展

漢の時代（紀元前202～後220）に入り、刺繍は技術と芸術形式においての成熟期を迎えた。魏（220～265）、晋（265～420）、隋（581～618）、唐（618～907）の間、仏教を来源として、宗教的意味が含まれる文様の導入が大々的に刺繍芸術を豊かにした。宋の時代（960～1279）に入ると、刺繍は、日用品に使われる芸術と芸術品に用いられる芸術という二つに分かれた。ちなみに、後者は書道と絵画芸術とを融合したものである。明の時代（1368～1644）には、資本主義の台頭が刺繍の拡大を促し、各社会階級の人々が刺繍を使うようになった。清の時代（1636～1912）になると、開国に伴って、日本の芸術要素ひいては西洋芸術が刺繍に融合され、刺繍は中国の様々な地域で発展を遂げ、その形式を多様なものにした。

【参考译文】

中国刺繍の発展

漢代（前202～後220）に入ると、刺繍の技術や芸術性は成熟期を迎えました。そして、魏（220～265）、晋（265～420）、隋（581～618）、唐（618～907）の時代に仏教が中国社会に広まって、刺繍でも宗教的

意味合いが含まれる文様が作られるようになり、その芸術性はより豊かさを増しました。宋の時代（960～1279）に入ると、刺繍は日常生活で用いられる芸術と、芸術品に用いられる芸術という二つに分化しました。芸術品に用いられる刺繍は、書道と絵画を融合したものです。明の時代（1368～1644）には、資本主義の出現によって刺繍が更に広く広まり、社会のあらゆる階層の人々が刺繍を使うようになりました。清の時代（1636～1912）になると、開国に伴って、日本の芸術的要素、更には西洋芸術が刺繍に融合され、刺繍は中国の各地で発展を遂げ、その形式が多様化していきました。

【解説】

1. 刺绣在技巧和艺术形式上→刺繍は技術と芸術形式において→刺繍の技術や芸術性は

　"刺绣在技巧和艺术形式上～"は、「刺繍は技術と芸術形式においての～」と「刺繍の技術や芸術性は～」という2つの訳が考えられますが、後者のように連体修飾語にして主語をまとめるとすっきりした訳になります。

2. 才发展成熟→成熟期を迎えた→成熟期を迎えました

　学生の訳文では、原文の"才"のニュアンスが出ていないので、「～（する）と、～した」というように処理しました。

3. 资本主义的兴起使得刺绣得以广泛的传播→資本主義の台頭が刺繍の拡大を促し→資本主義の出現によって刺繍が更に広く広まり

　学生の訳の「～台頭が～拡大を促し」は、間違いではありませんが、直訳に近いです。参考訳の「～の出現によって～広く広まり」のように原因と結果がわかるように訳すとなめらかな日本語になります。同様に「～導入が～豊かにした」も、「～ようになり～豊かさを増しました」と訳すとよいでしょう。

4. 日本元素→日本の芸術要素→日本の芸術的要素

「芸術要素」のように四字の熟語として定着していない場合は、間に「の」または「的」が必要です。なので「芸術の要素」あるいは「芸術的要素」と表現したほうが自然な日本語になります。

5. 使其形式更加多様化→その形式を多様なものにした→その形式が多様化していきました

「（～が）その形式を多様なものにした」という訳文より、「その形式が多様化していきました」のように「形式」を主語にしたほうが、何が多様化したのかがはっきりします。また、中国人は基本的に「する」の視点であるのに対して、日本人は「なる」の視点であるので、この誤訳はこの視点の相違から来たものだと推測されます。

【关键表达】

原文	参考訳
汉代	漢代
技巧和艺术形式	技術や芸術性
宋代	宋の時代
明代	明の時代
清代	清の時代
多样化	多様化
书法	書道（しょどう）
国门打开	開国

第二讲

演讲者：胡　俊

【原文❶】
　　总的来说，刺绣起初用于表明一个人的阶级地位，随后它逐渐拥有了单纯装饰价值，并融入普通百姓喜爱的艺术形式中。到如今，刺绣广泛地运用于寻常中国百姓的生活里，服装、鞋子、包、钱包、被罩……都可以采用刺绣的元素。刺绣艺术更被列入中国非物质文化遗产中。

【学生译文】
　概して言えば、刺繍は最初、人の社会的地位を示すために用いられていたが、その後、単純な装飾的役割を徐々に持ち合わせるようになり、一般市民の好む芸術形式に融合されていった。現在に至っては、刺繍は普通の中国人の生活に広く使われており、服装や靴、鞄、財布、布団カバーなどに、刺繍の要素が取り入れられている。更に、刺繍芸術は中国無形文化遺産の一つとして輝きを発している。

【参考译文】
　概して言えば、刺繍は初期の段階では、人々の階級を示すためのものでしたが、その後、単に装飾としての価値を徐々に持ち合わせるようになり、庶民が好む芸術の形に変わっていったのです。現在、刺繍は一般

の中国人の生活において広く使われており、服や靴、鞄や財布、布団カバーなどに刺繍の要素が取り入れられています。さらに、刺繍芸術は中国の無形文化遺産に登録されています。

【解説】

1. 用于表明一个人的阶级地位→人の社会的地位を示すために用いられていた→人々の階級を示すためのものでした

　"用于～"は「用いられていた」と訳してももちろん間違いではありません。しかし、原文にある漢字を使って訳しているので、文脈に合わせて参考訳のようにさらに訳語を工夫していくとよいでしょう。"融入到～中"を「融合されていった」と訳している部分も同様です。

2. 单纯装饰价值→単純な装飾的役割→単に装飾としての価値

　"单纯装饰价值"の"单纯"は「単純な装飾的役割」というように訳してしまうと、かえって理解の妨げになるので、参考訳では訳出しませんでした。逐次通訳では、インプットした情報を再整理し、わかりやすく伝えていかなければなりません。聞いてわかるというのが何よりも大事です。

3. 被列入中国非物质文化遗产中→中国無形文化遺産の一つとして輝きを発している→刺繍芸術は中国の無形文化遺産に登録されています

　「～として輝きを発している」は意訳しすぎの感があります。原文は"收列"の意であり、通常「～に登録されています」と訳します。学生の感覚としては、「登録されている」だけでは物足りないと思い、「輝きを発している」という情報を付け加えたのではないかと思われます。日本語に訳すときは、余計な部分をカットし、訳文を練り上げる必要があります。

【关键表达】

原文	参考訳
人的阶级地位	人々の階級
逐渐	徐々(じょじょ)
单纯	単(たん)に
普通百姓	庶民(しょみん)
被罩	布団カバー
刺绣图案	刺繍の文様(もんよう)
刺绣的元素	刺繍の要素
被列入	登録されている

第一单元　中国的刺绣文化

【原文❷】
中国刺绣及其象征意义

　　中国刺绣图案繁多，如花、树、果、动物、鸟、人物等，但对它们的理解不能简单化，因为它们反复地出现已经使它们从单纯的图像演变为符号。

【学生译文】
中国刺繡及びその象徴的意味

　　花、木、果実、動物、鳥、人など、中国刺繡の文様は実に多様である。しかし、これらの文様は、繰り返し使われる中で単純な図から一種の記号に変わっていったという経緯があり、簡単には理解できない。

【参考译文】
中国刺繡およびその象徴的意味

　　花、木、果実、動物、鳥、人など、中国刺繡の文様は実に多様です。しかし、これらの文様は、繰り返し使われる中で単純な図から一種の記号に変わっていったという経緯があり、簡単には理解することはできません。

【解说】
1.「～だ」→「です・ます」
　　公開講座など、公の場面では通常、「です・ます」を使います。

【关键表达】

原文	参考訳
繁多	多様(たよう)
反复	繰(く)り返(かえ)し
符号	記号(きごう)

【原文❸】
中国刺绣符号的三大主要来源
神话、传说和传统

蟠桃：长寿的象征，传说中植物演变成象征符号的绝佳例子之一。蟠桃来自传说中西王母花园中的永生桃树，西王母在绘画中往往带有两个侍女，一个拿着巨大的扇子，另一个拎着一篮桃。拎着一篮桃的侍女麻姑是她最喜爱的身边人，她的形象经常见于中国刺绣。绣有麻姑形象的刺绣作品多作为生日礼物送给女性。

【学生译文】
中国刺繡のシンボルに関する三つの由来
神話、伝説及び伝統

蟠桃：伝説上の植物がシンボルに変わった代表的な例であり、長寿を意味している。蟠桃とは、西王母の花園の中にあったとされる古い桃の木のことで、絵画の中では、よく西王母が巨大な扇子を持った侍女と桃の入ったかごを抱えている侍女の二人を従えている姿が描かれる。桃の入ったかごを抱えているのは、「麻姑」という西王母のもっとも気に入った侍女であり、中国刺繡では、「麻姑」の姿が描かれる事が多い。「麻姑」を描く刺繡作品は、特に女性への誕生日プレゼントとしてよく贈られる。

【参考译文】
中国刺繡のシンボルに関する三つの由来
神話、伝説および伝統

蟠桃：伝説上の植物がシンボルに変わった代表的な例であり、長寿を意味しています。蟠桃とは、西王母の花園の中にあったとされる古い桃の木のことで、絵画の中ではよく、西王母が巨大な扇子を持った侍女と桃の入ったかごを抱えている侍女の二人を従えている姿として描かれます。桃の入ったかごを抱えているのは「麻姑」という、西王母の最も気に入っていた侍女であり、中国刺繡では「麻姑」の姿が描かれる事が多

いです。「麻姑」を描く刺繍作品は、特に女性への誕生日プレゼントとしてよく贈られます。

【解说】

1. 最喜爱的身边人→気に入った侍女→気に入っていた侍女

　ここでは「気に入った侍女」ではなく「気に入っていた侍女」です。過去のある時点でのことではなく、過去のある一時期のことを指します。一方、「自分の気に入った人物を侍女に選ぶ」という一文は、その時点においてのことを指します。

【关键表达】

原文	参考訳
蟠桃	蟠桃(ばんとう)、（神話の中の）仙桃
西王母	西王母(せいおうぼ)
侍女	侍女(じじょ)

【原文❹】

　　莲花：佛教圣花，象征纯洁，出淤泥而不染。莲花不仅是佛教中代表好运的八种符号之一，还是道家八位仙人之一何仙姑的象征，这些仙人是道教传说中的人物。何仙姑神通广大，民间认为她会带来美满的幸福。

　　麒麟：神话中杂交而成的动物，它拥有牛的尾巴，狼的前额和马蹄。它的出现被认为是好运降临的预兆。在中国神话中，麒麟的出现是好兆头，它只在重要时刻出现。中国人还认为，麒麟的出现预示着伟人的诞生，如哲学家孔子的出生。如今，中国人将麒麟视作带来子孙的吉祥之物。

【学生译文】

　　蓮の花：仏教の聖花、清らかさの象徴であり、「蓮は泥より出でて泥に染まらず」ということわざも存在する。仏教の八つの縁起のよいシンボルの一つであると同時に、蓮の花は、伝説上の道家の仙人である八仙のうちの一人、「何仙姑」のシンボルでもある。「何仙姑」は不思議な力を持ち、幸福をもたらす人物だと伝えられている。

　　麒麟：神話によると、交雑により生まれた動物とされており、牛の尻尾や狼の額、馬の蹄を有している。麒麟が現れるのは好運の予兆だと考えられている。中国の神話では、麒麟が姿を見せるのは、重要なときだけであり、それは良いことが起こる前触れであるあるとされる。また、中国人は、麒麟の出現は、孔子のような偉大なる人物の誕生を示唆するものであり、現在でも、中国人は麒麟を子孫に幸運をもたらすシンボルだと考えている。

【参考译文】

　　蓮の花：仏教の聖花として、清らかさの象徴です。「蓮は泥より出でて泥に染まらず」ということわざも存在します。仏教には八つの縁起のよいシンボルがありますが、蓮の花はその一つであると同時に、伝説上の道家の仙人である八仙のうちの一人、「何仙姑」のシンボルでもあります。「何仙姑」は不思議な力を持ち、幸福をもたらす人物だと伝えられています。

第一单元　中国的刺绣文化

　　麒麟：神話によると、交雑によって生まれた動物とされており、牛の尻尾や狼の額、馬の蹄を有しています。中国の神話では、麒麟が姿を見せるのは重要なときだけであり、それは良いことが起こる前触れであるとされています。それゆえ、麒麟が現れるのは好運の予兆だと考えられています。さらに中国人にとって麒麟の出現は、孔子のような偉大な人物の誕生を示唆するものであり、現在でも麒麟は子孫に幸運をもたらすシンボルだと考えられています。

【解说】

1. 莲花不仅是佛教中代表好运的八种符号之一→仏教の八つの縁起のよいシンボルの一つであると同時に→仏教には八つの縁起のよいシンボルがありますが

　「仏教の八つの縁起のよいシンボルの一つであると同時に〜」はなめらかな表現ではありません。「仏教には八つの縁起のよいシンボルがありますが〜」のようにトピックとして前に出し、続けて「蓮の花はその一つであると同時に」と指示語を使って前を受けるようにすると、文の構造がはっきりし、意味が伝わりやすいです。

2. 它的出现被认为是好运降临的预兆→麒麟が現れるのは好運の予兆だと考えられている→それゆえ、麒麟が現れるのは好運の予兆だと考えられています

　「麒麟が現れるのは好運の予兆だと考えられている。（なぜなら〜だからである）」のように、中国語では先に結論を述べ、そのあとにその理由の説明が来ることが多いですが、日本語では、先に説明し、「だから」、「ゆえに」、「よって」などの言葉につづけて結論を述べることが多いです。よって「それゆえ、麒麟が現れるのは好運の予兆だと考えられています」という訳になり、このほうが自然な日本語です。

3. 中国人还认为，麒麟的出现→中国人は、麒麟の出現は→中国人にとって麒麟の出現は

「中国人は、麒麟の出現は〜」は意味がとりにくいです。「中国人にとって麒麟の出現は〜」と訳すと主語がはっきりします。

4. 中国人将麒麟视作→中国人は麒麟を〜だと考えている→麒麟は〜だと考えられています

文脈からそのように考えている主体は中国人であることは明白なので、繰り返す必要はありません。また、日本語では、「〜と考えられている」のように事実を一般化し、客観的に述べる表現が好まれます。

【关键表达】

原文	参考訳
佛教圣花	仏教の聖花
纯洁	清(きよ)らかさ
出淤泥而不染	蓮は泥(でい)より出(い)でて泥(でい)に染(そ)まらず
道家	道家(どうか)
何仙姑	何仙姑(かせんこ)
麒麟	麒麟(きりん)
吉祥之物	幸運をもたらすシンボル

第一单元　中国的刺绣文化

【原文❺】

双关语

　　这是一幅刺绣作品，上面有一只猫在向上望，或者说在试图抓一只蝴蝶。它表达了对于长寿的愿望，因为"猫"同"耄"（八九十岁的老人）音近，而"蝶"让人联想到另一个字"耋"（七八十岁的老人）。

　　在中国刺绣中，我们往往能看到喜鹊栖息在梅花枝头。喜鹊音与"喜"近，而梅花又与"眉"音近，所以这是一幅象征"喜上眉梢"的图案。

【学生译文】

かけことば

　刺繡の作品に、一匹の猫が上を向いているものや蝶を捕まえようとしているものがある。これらは、長寿への願いを表している。何故かと言うと、中国語の「猫」と、80〜90歳の老人を意味する単語「耄」の発音は非常に近いからである。また、同じく発音が近いことから、「蝶」は、70〜80歳の老人を意味する単語「耋」を連想させる。

　また、中国刺繡では、カササギが梅の枝に止まっている文様をよく見かける。カササギの中国語の発音は「喜」の発音に似ており、中国語で「梅」の発音は「眉」の発音に近いので、この文様は「喜びで眉尻を上げる」という意味を表している。

【参考译文】

かけことば

　刺繡の作品に、一匹の猫が上を向いているものや蝶を捕まえようとしているものがあります。これらは、長寿への願いを表しています。というのも、中国語の「猫」と、80〜90歳の老人を意味する単語「耄」の発音が非常に近いからです。また、同じく発音が近いことから、「蝶」は70〜80歳の老人を意味する単語「耋」を連想させます。

　また、中国の刺繡では、カササギが梅の枝に止まっている文様をよく見かけます。この文様が持つ意味も中国語の発音と関係しており、カササギの発音が「喜」の発音に似ていること、「梅」の発音が「眉」

の発音に近いことにより、「喜びで眉尻を上げる」という意味を表しています。

【解説】
1. 「この文様が持つ意味も中国語の発音と関係しており」。この部分は原文にはありませんが、聞き手の理解を助けるために加訳したほうがよいでしょう。加訳することにより、前の例と後の例の間につながりができ、前後関係がよりわかりやすくなります。
2. 喜鹊音与"喜"近，而梅花又与"眉"音近→カササギの中国語の発音は「喜」の発音に似ており、中国語で「梅」の発音は「眉」の発音に近いので→この文様が持つ意味も中国語の発音と関係しており、カササギの発音が「喜」の発音に似ていること、「梅」の発音が「眉」の発音に近いことにより

参考訳のように「こと」でそれぞれをまとめることにより、具体例をはっきりと提示することができます。また、学生の訳は間違いではありませんが、逐次通訳する際には、「こと」を入れることによって、二つの理由を列挙していることが耳ではっきりと聞き取ることができます。

【关键表达】

原文	参考訳
双关语	かけことば
长寿	長寿（ちょうじゅ）
"耄"（八九十岁的老人）	「耄」（ぼう）（80〜90歳の老人）
喜鹊	鵲（かささぎ）・カササギ
喜上眉梢	喜びで眉尻（まゆじり）を上げる

【原文❻】
符号的特点

松树代表长寿和坚定，因为它抵御严寒，松针不会马上脱落。鹿和鹤也有很长的寿命，所以它们是长寿的象征。它们与长青的柏树一道，表达延年益寿的祝愿。马因其速度与毅力多与成功相联系。

【学生译文】
シンボルの特徴

松は寒さに強く、簡単には落葉しないことから、意志の固さと長寿を象徴するようになった。また、鹿と鶴は長い寿命の持ち主であるので、長寿の象徴にもなっている。そして、この二つに常緑樹である柏の木を加えて、長寿の願いを表すことが多くある。さらに、馬は、その走りの速さと忍耐力が成功に繋がるとされ、成功のシンボルとなっている。

【参考译文】
シンボルの特徴

松は寒さに強く、簡単には落葉しないことから、意志の固さと長寿を象徴するようになりました。また、鹿と鶴は長い寿命の持ち主であるので、長寿の象徴になっています。そして、この二つに常緑樹である柏の木を加えて、長寿の願いを表すことが多くあります。さらに馬は、その走りの速さと忍耐力が成功に繋がるとされ、成功のシンボルとなっています。

【解说】

この部分はほとんど直すべきところはありません。学生の訳でよかった点は意識的に接続詞を使ったことです。「また」、「更に」を入れることによって、文と文のつながりをよりはっきりと提示することができます。例えば、"他生病了，今天不能来学校了"という中国語の表現があります。日訳する際に、「彼は病気になりました、今日は学校に来られません」というように訳すと、子供っぽく聞こえてしまうだけでなく、ロジック関係そのものが薄くなり、聞き手がイ

ンプットした情報を再整理しなければならなくなります。接続詞「ので」を入れれば、前文と後文のつながりがはっきりし、聞き手にとっても理解しやすくなります。一般的に、日本人は表現する際に、中国人と比べて、接続詞を好んで使う傾向があります。ですから、中文日訳する時、意識的に接続詞を入れて表現するようにしましょう。

【关键表达】

原文	参考訳
坚定	意志の固さ
延年益寿	寿命を延ばす、長生きする

第三讲

演讲者：胡　俊

【原文❶】

中国刺绣中符号传达的信息
中国刺绣中的符号表达祝愿
祝愿吉祥

吉祥可以笼统地说是幸福、好运，也可以具体到升职、发财和长寿。（例如：）

传统中式婚礼中，新娘身着的裙褂或旗袍上面绣着凤凰的图案，而新郎身着的裙褂绣有龙的图案，因为龙与凤象征着男性与女性力量的平衡，代表美满的婚姻。龙与凤不再只局限于特定的人群使用，如今普通中国百姓可以使用这些符号表达美好的祝愿。

根据风水学说，"鱼"代表财富与成功，因为鱼的音与"裕"和"玉"接近。因而金鱼代表着财富，刺绣作品表达富贵满门的祝愿。

【学生译文】

中国刺繍のシンボルが伝えるメッセージ
中国刺繍のシンボルが表す願い
吉祥を祈るもの

吉祥とは、幸福、好運といった抽象的なものも指せば、昇進や金運、

長寿などの具体的なことを指すこともある。例えば、中国の伝統的結婚式の中で、花嫁が着るチャイナドレスには鳳凰の文様が用いられている一方、新郎のチャイナ服には龍の文様が用いられる。これは、龍と鳳凰が男性と女性の力のバランスを象徴し、円満な結婚生活を表すものである。古来、龍と鳳凰は特定の人々にしか用いられてこなかったが、現在では、一般の中国人もこれらのシンボルにそれぞれの願いをこめられるようになった。

風水学からみれば、「魚」というシンボルは財産と成功を意味する。それは中国語で「鱼」の発音が「裕」と「玉」に近いからである。したがって、金魚を使う刺繍作品は多くの富を得るという願いを表す。

【参考译文】

中国刺繍のシンボルが伝えるメッセージ
中国刺繍のシンボルが表す願い
吉祥を祈るもの

吉祥とは、幸福、好運といった抽象的なものを指すこともあれば、昇進や金運、長寿などの具体的なことを指すこともあります。例えば、中国の伝統的結婚式の中で、花嫁が着るチャイナドレスには鳳凰の文様が用いられています。一方、新郎のチャイナ服には龍の文様が用いられています。これは、鳳凰と龍が女性と男性の力のバランスを象徴し、円満な結婚生活を表すものです。古来、龍と鳳凰は特定の人々にしか用いられてきませんでしたが、現在では、一般の中国人もこれらのシンボルにそれぞれの願いを込めるようになりました。

風水学からみれば、「魚」というシンボルは財産と成功を意味します。それは中国語で「鱼」の発音が「裕」と「玉」に近いからです。それゆえ、金魚をあしらった刺繍作品には多くの富を得たいという願いが込められています。

【解说】

1. 吉祥可以笼统地说是幸福、好运，也可以具体到升职、发财和长寿→

吉祥とは、幸福、好運といった抽象的なものも指せば、昇進や金運、長寿などの具体的なことを指すこともある→吉祥とは、幸福、好運といった抽象的なものを指すこともあれば、昇進や金運、長寿などの具体的なことを指すこともあります

このように「こと」でそろえることにより文の構造のバランスがとれ、訳文がきれいになります。また、聞き手も意味が理解しやすくなります。逐次通訳する場合、枝葉の情報よりも、まず文全体の骨組みを見極め、聞き取るようにすることが大事です。"以笼统地说……也可以具体到"と聞いて、「～を指すこともあれば、～を指すこともあります」というように素早く反応する力が求められます。

2. 新娘身着的裙褂或旗袍上面绣着凤凰的图案，而……→花嫁が着るチャイナドレスには鳳凰の文様が用いられている一方、～→花嫁が着るチャイナドレスには鳳凰の文様が用いられています。一方、～

「用いられています。一方、～」のように文を切ることによってリズムが生まれ、文章が締まります。間の取り方は、普段の交流時でも通訳するときでも、とても大事です。不適切な間の取り方は、聞き手の理解の妨げになります。話のポイントはどこにあるのか、常に聞き手意識を持ちながら、話を進めたほうがピントが外れずにすむと思います。

3. 可以使用这些符号表达美好的祝愿→願いをこめられるようになった→願いを込めるようになりました

原文には"可以"とありますが、ここでは一般の人も「可能」になったということよりも、その「変化」に重点があります。ここはおそらく中国語の影響かと思われます。今までしなかったことをするようになった場合は、「するようになりました」というように表現し、できなかったことができるようになった場合は、「できるようになりました」というように表現します。

4. 金鱼代表着财富，刺绣作品表达富贵满门的祝愿→金魚を使う刺繡作品は多くの富を得るという願いを表す→金魚をあしらった刺繡作品

には多くの富を得たいという願いが込められています

参考訳の「金魚をあしらった刺繡作品」のほうが内容に即した表現といえるでしょう。よりふさわしい訳語がないか常に取捨選択することが大切です。

5. 刺绣作品表达富贵满门的祝愿→刺繡作品は多くの富を得るという願いを表す→刺繡作品には多くの富を得たいという願いが込められています

学生の訳は直訳です。「刺繡作品には多くの富を得たいという願いが込められています」。このように「が」を使うことにより焦点がはっきりします。そして、「込められている」という受け身の表現は描かれた対象との間に距離を置き、より客観的に表すことができるようになります。

【关键表达】

原文	参考訳
祝愿吉祥	吉祥(きちじょう)を祈る
升职	昇進(しょうしん)
发财	金運(きんうん)
新娘	花嫁(はなよめ)
旗袍	チャイナドレス
凤凰	鳳凰(ほうおう)
风水学说	風水学(ふうすい)
富贵满门的祝愿	多くの富(とみ)を得たいという願(ねが)い

【原文❷】

祝愿健康平安

虎被认为可以抵抗邪祟，虎的形象多见于送给孩子的刺绣作品中，例如虎头鞋、虎头帽、虎头枕，因为孩子容易受到恶灵的攻击，他们需要得到保护。五毒包括蛇、蟾蜍、蝎、壁虎和蜈蚣，一般绣于孩子的衣服上作为护身符。

【学生译文】

健康と平安を祈るもの

虎は悪霊を退散できる、子供は悪霊の攻撃に弱いと思われるため、子供たちを悪霊から守るという意味で、虎の頭の刺繍が施された靴、帽子、枕など、子供への刺繍作品に虎の姿がよく見られる。「五毒」というのは蛇、ヒキガエル、サソリ、ヤモリ、ムカデである。これらのシンボルはお守りとして、子供の服に用いられる。

【参考译文】

健康と平安を祈るもの

悪霊の攻撃に弱い子供たちを悪霊から守る意味で、子供への刺繍作品には虎の頭の刺繍が施された靴、帽子、枕などがよく見られます。これは虎は悪霊を退散できるとされているからです。そして、蛇、ヒキガエル、サソリ、ヤモリ、ムカデは「五毒」と言われます。これらのシンボルはお守りとして、子供の服に用いられます。

【解说】

1. "虎被认为可以抵抗邪祟"という原文には"被认为"とあるので、通常「～とされている」「～と思われている」「～と考えられている」と訳すことが多いです。また、「できる～と思われるため」と訳すと話し手の意見や分析であると誤解されてしまいます。「～と思われる」は話し手の意見であるのに対して、「～と思われている」は他人の考えを示す場合に用いるので、

混同しないように注意しましょう。この部分の中国語は内容として重複しているものがあるので、日本語に訳す際にはまとめて訳す必要があります。"因为孩子容易受到恶灵的攻击，他们需要得到保护"の文の場合は"受到恶灵的攻击（悪霊の攻撃に弱い）"を"孩子（子供）"の連体修飾語にすれば、文全体がすっきりします。

2. 五毒包括蛇、蟾蜍、蝎、壁虎和蜈蚣→「五毒」というのは蛇、ヒキガエル、サソリ、ヤモリ、ムカデである→そして、蛇、ヒキガエル、サソリ、ヤモリ、ムカデは「五毒」と言われます

　学生の訳は、この部分だけを見れば間違いではありません。しかし、「蛇、ヒキガエル、サソリ、ヤモリ、ムカデは『五毒』と言われます。これらのシンボルは～」のように以下に文がつづく場合、「これら」の指示語の直前に「～は五毒といわれます」とまとめると意味が伝わりやすくなります。また、学生の訳では、この一文で文が完結してしまうので、一つひとつの文が独立しているような印象を与え、全体として文章がなめらかに流れないです。

【关键表达】

原文	参考訳
不好的鬼魂	悪霊（あくりょう）
蛤蟆	カエル、ガマ
蜈蚣	蠍（さそり）/サソリ
护身符	お守り

【原文❸】
不同民族的图腾庆典

蝴蝶妈妈：蝴蝶的化身下了蛋，最终成为人类的母亲，蝴蝶妈妈的形象为苗族人民所喜爱。

太极图：土族非常喜爱的刺绣设计，它表达了对生命基本元素的尊重。

【学生译文】
異なる民族のシンボル

蝶の母：ミャオ族には、蝶の化身が産卵し、人類の母となったという言い伝えがあるので、蝶の母はミャオ族の人々に愛されている。

太極図：トゥ族の人々が非常に愛した刺繍の文様であり、生命の基本要素への尊重を表すものである。

【参考译文】
異なる民族のシンボル

蝶の母：少数民族のミャオ族には、蝶の化身が産卵し、人類の母となったという言い伝えがあります。それゆえ、蝶の母はミャオ族の人々に愛されています。

太極図：トゥ族の人々が非常に愛した刺繍の文様であり、生命の基本要素への尊重を表すものです。

【解说】

1. 苗族→ミャオ族→少数民族のミャオ族

　　一般の日本人にとってミャオ族はなじみの薄い民族です。原文にはありませんが、少数民族であることを補ってあげると、理解が深まります。

2. 成为了人类的母亲，蝴蝶妈妈的形象为苗族人民所喜爱→人類の母となったという言い伝えがあるので、蝶の母はミャオ族の人々に愛さ

れている。→人類の母となったという言い伝えがあります。それゆえ、蝶の母はミャオ族の人々に愛されています。

原文には接続詞が入っていませんが、文脈から因果関係であると読み取れます。なので、「ので」、あるいは「それゆえ」というように接続詞を補い、加訳しました。この例に限らず、ブロックのようにつぎつぎと積み重なっていく中国語を日訳するときに、文と文のロジック関係をきちんと判断したうえで、繋ぎの言葉を入れたほうが聞き手の再整理の負担が軽減されます。

【关键表达】

原文	参考訳
苗族	（中国少数民族の）ミャオ族
太极图	太極図（たいきょくず）
土族	トゥ族

第一单元　中国的刺绣文化

【原文❹】

中国刺绣与传统中国美学

中国刺绣艺术因其丰富的含义而著称，表达了中国人民对美的追求。

隐含意义

刺绣艺术一大特点是具有丰富的隐含意义，即间接地暗示某种含义。观点通过图像来表达，只需一幅图画即可充分表达含义。

【学生译文】

中国刺繡及び中国伝統美学

中国の刺繡芸術は豊かな意味を持つことで有名である。また、刺繡は中国人の美への追求の表れでもある。

含まれる意味

文様に含まれる意味が豊かであるということは、刺繡アートの大きな特徴の一つである。つまり、ある意味を文様に通じて間接的に表すということである。一つの形を通して、別の意味を表すことができる。

【参考译文】

中国の刺繡と伝統美学

中国の刺繡芸術は豊かな意味を持つことで有名です。また、刺繡は中国人の美への追求の表れでもあります。

含まれる意味

文様に含まれる意味が豊かであるということは、刺繡芸術の大きな特徴の一つです。つまり、ある意味を文様に通じて間接的に表すということです。一つの形象を通じて、別の意味を表すことができます。

【解说】

1. 中国刺绣与传统中国美学→中国刺繡及び中国伝統美学→中国の刺繡と

伝統美学

「中国刺繡及び中国伝統美学」では、直訳に近いです。「中国の刺繡と伝統美学」のようにまとめると訳がすっきりします。

2. 刺绣艺术→刺繡アート→刺繡芸術

「刺繡アート」という訳語は間違いではありませんが、前段に「刺繡芸術」という訳語が出てくるので、ここはやはり訳語を統一したほうがよいでしょう。外来語を使うことに関しては、個人の好みがありますが、おしゃれなイメージや新しいイメージを伝えたい、あるいは若者向けに話をするときには、外来語を使ってもいいでしょう。

【关键表达】

原文	参考訳
间接地	間接的に
中国刺绣与传统中国美学	中国の刺繡と伝統美学

【原文❺】

和谐

　　和谐或许是中国文化中最宝贵的部分，它同样也体现在中国刺绣中。不同的元素往往相互影响，观赏者会惊讶地发现，一个刺绣作品中不同的图像彼此呼应、相互补充、平衡。不同元素之间有着相近的含义，彼此完美契合。中国刺绣尤其要表达人与自然之间的和谐，这也表达了中国人对自然的尊重。

【学生译文】

調和

　調和は中国文化の中でもっとも大切な要素として、中国刺繡にも現れている。異なる要素は往々にして互いに影響しているので、一つの刺繡作品に使われる異なる文様が相互に影響を及ぼし、補完し合い、バランスを保っている。違う要素が近い意味を共有し、完全に融合していく。人間と自然との調和は中国刺繡の重要なテーマの一つであることから、中国人の自然への尊重が覗える。

【参考译文】

調和

　調和（バランスが取れていること）は、中国文化の中でもっとも大切な要素です。それは中国の刺繡にもよく現れています。異なる要素は往々にして互いに影響し合っています。一つの刺繡作品に使われる異なる文様も相互に影響を及ぼし合い、補完し合いながら、調和を保っています。違う要素が近い意味を共有し、完全に融合していく。人間と自然との調和は中国の刺繡の重要なテーマの一つであり、そこにも中国人の自然への尊重の思いが見て取れます。

【解说】

1. 和谐或许是中国文化中最宝贵的部分，它同样也体现在中国刺绣中
　　→調和は中国文化の中でもっとも大切な要素として、中国刺繡に

も現れている→調和（バランスが取れていること）は、中国文化の中でもっとも大切な要素です。それは中国の刺繍にもよく現れています。

　学生の訳は誤りではありませんが、参考訳のように「調和は、中国文化の中でもっとも大切な要素です。それは中国の刺繍にもよく現れています。」といったん文を言い切り、それを受ける形で訳すとよいです。文を短く切ることにより、意味がはっきりし、文章にリズムが出ます。

2. 相互補充、平衡→補完し合い、バランスを保っている→補完し合いながら、調和を保っています

　この段落の冒頭で「調和」という訳語が使われ、また、この節のタイトルも「調和」であることから、内容に即して訳語をそろえると統一感が出て、意味がはっきりします。

3. 中国刺绣尤其要表达人与自然之间的和谐，这也表达了中国人对自然的尊重。→人間と自然との調和は中国刺繍の重要なテーマの一つであることから、中国人の自然への尊重が覗える→人間と自然との調和は中国の刺繍の重要なテーマの一つであり、そこにも中国人の自然への尊重の思いが見て取れます

　「重要なテーマの一つであることから、中国人の～」というように説明する方法もありますが、「重要なテーマの一つであり、そこにも中国人の～」というように文を切り、指示語で受けたほうが、上の解説1で述べたこととあわせ、より原文に即した訳といえます。

【关键表达】

原文	参考訳
和谐	調和(ちょうわ)
彼此呼应	及ぼし合う

原文	参考訳
相互补充、平衡	補完(ほかん)し合いながら、調和を保っている
完美契合	完全に融合(ゆうごう)していく
人与自然之间的和谐	人間と自然との調和
中国人对自然的尊重	中国人の自然への尊重

【原文❻】

美的存在

依据中国传统美学，任何中国人，即便他不是严格意义上的艺术家，对于美好的事物或者艺术作品，他都不是被动的观赏者，而是艺术活动中主动的创造者和活跃的参与者。通过刺绣，普通中国人不仅创造出了美好的事物以及和其他类别艺术品同样优秀的作品，他们的内心世界在艺术活动中也感受到了美的愉悦，由此在实际生活中找寻到了美的价值。

后续问题：
1. 你如何理解刺绣作为中国非物质文化遗产？
2. 中国刺绣与其他国家的刺绣有什么区别？

【学生译文】

美の存在

伝統の中国美学によれば、芸術家に限らず、すべての中国人は美しい物事、あるいは芸術作品に対して、受動的な鑑賞者ではなく、芸術活動における能動的創作者であり、また活発な参加者でもあります。刺繍を通じて、一般の中国人も素晴らしい物事や、他の種類の芸術作品と同じような優れた作品を創り出したのみならず、心の内面においても、芸術活動で得られる美の喜びを感じ取ったに違いない。それによって、美しい人生の価値を見出すことができたのだといえる。

質問：
1. 中国の無形文化遺産としての刺繍をどのように理解しているか。
2. 中国の刺繍は他の国の刺繍とどのような違いがあるか。

【参考译文】

美の存在

中国の伝統美学によれば、芸術家に限らず、すべての中国人は芸術作品や美しい事物に対して受身的な鑑賞者ではなく、主体的創作者であり、また活発な参加者でもある。刺繍を通じて、一般の中国人も素晴らしいものや、他の種類の芸術作品と同じような優れた作品を生み出して

第一単元　中国的刺绣文化

きただけでなく、心の内面においても、芸術活動で得られる美の喜びを感じ取ってきたことでしょう。それによって、中国人は美しい人生の価値を見出すことができたのだといえます。

質問：
1. 中国の無形文化遺産としての刺繡をどのように理解していますか。
2. 中国の刺繡は他の国の刺繡と比べて、どのような違いがありますか。

【解说】
1．中国传统美学→伝統の中国美学→中国の伝統美学
　"中国传统美学"は「伝統の中国美学」ではなく「中国の伝統美学」です。前者の訳では、中国美学が伝統であるとの意味にとられかねないです。

2．而是艺术活动中主动的创造者和活跃的参与者→芸術活動における能動的創作者であり→主体的創作者であり
　"而是艺术活动中主动的创造者和活跃的参与者"の中の"艺术活动中"という部分は文脈から判断でき、また後にも同じ表現が出てくるので、ここではあえて訳さずに省略しました。

3．他们的内心世界在艺术活动中也感受到了美的愉悦→心の内面においても、芸術活動で得られる美の喜びを感じ取ったに違いない→心の内面においても、芸術活動で得られる美の喜びを感じ取ってきたことでしょう
　学生の訳では、「～を感じ取ったに違いない」となっていますが、「に違いない」はかなり語気の強い言葉で、この文脈にふさわしい表現とは言えません。原文の講座は聞き手のための講座なので、クッションの役割を果たす言葉、例えば「ことでしょう」というような日本人の言語行動に合った言葉を積極的に使ったほうがよいでしょう。

4．由此在实际生活中找寻到了美的价值→それによって、美しい人生の

43

価値を見出すことができたのだといえる→それによって、中国人は美しい人生の価値を見出すことができたのだといえます

参考訳のように「中国人は」と主語を補ってあげると意味がわかりやすくなります。

5. 中国刺绣与其他国家的刺绣有什么区别→中国の刺繍は他の国の刺繍とどのような違いがあるか→中国の刺繍は他の国の刺繍と比べて、どのような違いがありますか

学生の訳は間違いではありません。しかし、「中国の刺繍は他の国の刺繍と比べて、どのような違いがありますか」というように「比べて」を加えると、比較の対象がはっきりし、意味が伝わりやすくなります。参考訳は聞き手を意識した上での訳であると言えます。

【关键表达】

原文	参考訳
被动的	受身的（うけみ）
观赏者	鑑賞者
主动的	主体的
美的愉悦	美の喜び

第二单元　中国书画

第一讲

演讲者：傅　勇

【原文❶】
　　此讲座大致介绍了中国书画从古至今快速惊人的发展历程，希望借此能给不了解或不怎么了解中国文化的同学提供一个认识的平台，促使他们更加系统地探索中国文化。
　　1. 热身问题
　　（1）你对中国书画有什么大致的了解？
　　（2）你能列出一些重要的书画大家吗？
　　（3）你认为中国书画的精髓是什么？

【学生译文】
　　本講座は今まで中国書画の目覚ましい発展の過程について、おおまかに紹介し、それによって中国文化に関する知識がない、或は少ない学生に入門のプラットフォームを提供し、よりよく、より系統的に中国文化を学んでいかせることを目的としている。
　　1. ウォーミングアップ
　　（1）中国書画について大まかな認識がありますか？
　　（2）有名な書画大家の名前をいくつか挙げることができますか？
　　（3）中国書画の奥意はなんだと思いますか？

【参考译文】
　　この講座では今まで中国書画が急速に発展してきた過程について大まかに紹介させていただきたいと思います。あまり中国文化に詳しくない学生の皆様に、知識を提供する場を作り、そしてより体系的に中国文化を学んでいただければ幸いです。
　　１．ウォーミングアップ
　　（１）中国の書画について何らかの知識はありますか？
　　（２）有名な書画の大家を何人挙げることができますか？
　　（３）中国の書画の真髄はなんだと思いますか？

【解说】
1.「…だ」→「です・ます」
　　先にも触れたように、本テキストは講座なので、それにふさわしい文体に統一したほうがいいでしょう。学生の訳は、その骨組みが「本講座は～を目的としている」となっており、文章用語に近い文体が使われています。

2. 此讲座大致介绍了中国书画从古至今快速惊人的发展历程→本講座は今まで中国書画の目覚ましい発展の過程について、おおまかに紹介し→この講座では今まで中国書画が急速に発展してきた過程について大まかに紹介させていただきたいと思います
　　この原文において、学生の訳のように「本講座は今まで中国書画の目覚ましい発展の過程について、おおまかに紹介し、」と訳した場合、「今まで」が掛かるのは「紹介し」です。なので、「本講座はこれまでの中国における書画の目覚ましい発展の過程について大まかに紹介し、」とするか、また、参考訳のような表現もあります

3. 此讲座大致介绍了→おおまかに紹介し→大まかに紹介させていただきたいと思います

講座の主旨を紹介する大事な部分なので、「紹介し」という中止形より、「紹介させていただきたいと思います」というようにセンテンスをいったん終わらせたほうがよいでしょう。

4. 希望借此能给不了解或不怎么了解中国文化的同学们提供一个认识的平台，促使他们更加系统地探索中国文化→それによって中国文化に関する知識がない、或は少ない学生に入門のプラットフォームを提供し、よりよく、より系統的に中国文化を学んでいかせることを目的としている→あまり中国文化に詳しくない学生の皆様に、知識を提供する場を作り、そしてより体系的に中国文化を学んでいただければ幸いです

　この原文の骨組みは次のようになっています。

　まず"希望"の部分を「～と願っております」、あるいは「～ば幸いに存じます」と訳しておいて、それから、"希望"の具体的な内容を訳します。一つ目は"提供一个认识的平台（知識を提供する場を作り）"、二つ目は"促使他们探索中国文化（中国文化を探究すること）"です。

　分析すると、次のようになっています。

　→私は希望していることが二つあります。それが実現できれば、幸いに存じます。

　→一つ目は知識を提供する場を作ることで、もう一つは中国文化を探究することです。

　→対象は「中国文化にあまり詳しくない学生」です。

【关键表达】

原文	参考訳
大致	大まか
精髄	真髄（しんずい）

原文	参考訳
瑰宝	至宝(しほう)
系统地	体系的に
热身问题	ウォーミングアップ

【原文❷】
　　我非常荣幸能给大家做此期有关中国书画的讲座，这个话题说易也易，说难也难。说易在于书画人人都熟悉，并不陌生；说难也在于此。下面我将从某些独特的角度来阐述中国书画，希望能有助于大家进一步思考。

【学生译文】
　　今日は皆さんに中国書画についてお話をすることができ、非常に光栄だと思っております。易しいと言ったら易しいですが、難しいと言ったら難しいです。易しいというのは、書画は誰にもなじみやすくて、知らない人は恐らくいないと思いますが、これこそ難しいところです。以下いくつかのユニークな視点から中国書画について説明しますので、みなさんの考えを前に進める一助となれば幸いです。

【参考译文】
　　本日は皆さんに中国の書画についてお話することができ、大変光栄です。中国の書画は、話しやすくもあり、話しにくくもあります。話しやすいというのは、書画は誰でもなじみがあり、知らない人は恐らくいないからです。しかし、これこそが難しいところでもあるのです。これから、異なる視点で中国の書画について説明します。この講義が、皆さんの考えを前に進める一助となれば幸いです。

【解说】
1.「今日」→「本日」
　　「今日」を「本日」に直しました。フォーマルな場面では「本日」、あるいは「この度」を使います。

2. 我非常荣幸→非常に光栄だと思っております→大変光栄です
　　「～ができ、大変光栄です」、あるいは「～ができ、大変光栄に思っております」が定訳となっているので、覚えておくと便利です。

3. 独特的角度→ユニークな視点→異なる視点

　学生の訳では「ユニークな視点」と訳されていますが、「ユニーク」は相手に対する評価に使われます。「独特な角度」、あるいは「別な角度」と訳したほうがよいでしょう。また、ここでは参考訳のように「異なる視点」という訳も使えます。

4. 希望能有助于大家做进一步思考→みなさんの考えを前に進める一助となれば幸いです→この講義が、皆さんの考えを前に進める一助となれば幸いです

　参考訳の「この講義が」という言葉は原文にはありませんが、補って訳すと意味が伝わりやすいです。また、学生の訳は、原文の表現の形をなるべく生かした訳文と言えます。

　ここでは「皆さんのお役に立てれば幸いでございます」というように、日本人が普段使い慣れている表現で表したほうがわかりやすいかとも思われますが、原文のメッセージを伝えるという意味では少し劣ってしまいます。原文のメッセージを損なうことなく、しかも日本人にとってわかりやすい訳にするには、「皆さんに深く考えていただくきっかけとなれば幸いでございます」のほうが最適の訳かもしれません。

【关键表达】

原文	参考訳
非常荣幸	大変光栄(こうえい)
独特的角度	異なる視点(してん)
进一步思考	考えを前に進める

第二单元　中国书画

【原文❸】
　　在我看来，中国文化不是一个既定不变的概念，而是经历了一个长期历史演变而不断发展的过程。这种历史的积淀较好地帮助了人们更深入地了解中国的文化及其优劣和本质。历史造就了中国文化，正因为如此，中国充满了无限的可能性，而今天我们对于它的认识仅仅是个开端。

【学生译文】
　　私の考えでは、中国文化は定着して、不変の概念ではなく、時代と共に変化してきて、さらに発展していくものだと思います。人々に中国文化とその優劣、並びにその本質をもっと深く理解することプロセスにおいて、この歴史の積み重ねが大変役立ちます。歴史から生み出した中国文化だからこそ、中国に無限の可能性があります。今までそれについての認識はただの始まりだと言ってもいいです。

【参考译文】
　　私の考えでは、中国文化は不変の概念ではなく、時代と共に変化しており、今後もさらに発展していくものです。人々が中国文化の優れた点とそうでない点、またその本質をもっと深く理解するには、この歴史の積み重ねが大変役立ちます。歴史が生み出した中国文化だからこそ、中国には無限の可能性があります。今までの中国文化についての認識は、ただのスタート地点に過ぎないのです。

【解说】
1. 中国的文化及其优劣和其本质→中国文化とその優劣→中国文化の優れた点とそうでない点
　　参考訳のように、通訳では聞いてすぐわかる言葉を使うようにしましょう。

2. 而今天我们对于它的认识→今までそれについての認識は→今までの中国文化についての認識は
　　指示語の指すものが、聞いてすぐはっきりしない場合は、参考訳のように

53

具体的に繰り返してあげると、丁寧でわかりやすいです。

【关键表达】

原文	参考訳
不变的概念	不変(ふへん)の概念(がいねん)
历史的积淀	歴史の積(つ)み重(かさ)ね
造就	生(う)み出(だ)す、生み出される
开端	スタート地点(ちてん)
中国的文化及其优劣	中国文化の優(すぐ)れた点 とそうでない点

【原文❹】

中国有着五千年的文明史,是世界上历史悠久的文明古国之一。希腊罗马文明经历了几千年的兴衰,而中华文明始终在不断进步。当欧洲进入中世纪之时,中国已经在艺术、科学、哲学等方面取得了重大成就。中国是免受西方殖民的国家之一,这就意味着我们即使穷尽一生也不可能完全了解中国。我们只能寄希望于探求其中的若干部分,我们探索得越深,就越能发现其中无穷的奥妙。所以即使我们不能了解中国的全部,至少可以从中学到一些东西。

【学生译文】

中国には五千年の文明史があり、世界でもっとも歴史の長い文明古国の一つです。ギリシャローマ文明は数千年の盛衰を経験してきたが、中華文明はずっと進んでいます。ヨーロッパが中世に入った時、中国はすでに芸術、科学、哲学などの分野で大きな成果を収めました。中国は西洋の植民地にならなかった国のひとつですから、つまり私たち一生かけても完全に中国を理解することができません。我々はただその中のいくつかの部分を探索、研究することしかできなくて、しかも探ることが深ければ深いほど、その限りない面白さ、その奥深さを感じるようになります。従って、私達は中国のすべてを理解できなくても、せめて中から学びおさめることがいくつかあると思います。

【参考译文】

中国には五千年の文明の歴史があり、世界でもっとも歴史の長い文明国の一つです。ギリシャ・ローマ文明は数千年にわたって、繁栄と衰退を繰り返しましたが、中華文明は進歩し続けています。ヨーロッパが中世に入った時、中国はすでに芸術、科学、哲学などの分野で大きな成果を収めていました。中国は西洋の植民地にならなかった国のひとつですから、この意味において、私たちは一生かけても中国を完全には理解できないでしょう。私たちはただその中のいくつかの部分を探索し、研究することしかできませんが、深く知れば知るほど、その限りない興味深

さと奥深さを感じられるようになります。なので、私たちは中国文化のすべてを理解できなくても、その中から学べることはたくさんあるのです。

【解説】

1. 中国有着五千年的文明史→中国には五千年の文明史があり→中国には五千年の文明の歴史があり
   参考訳のように、通訳では聞いてすぐわかる言葉を使うようにしましょう。

2. 经历了几千年的兴衰→数千年の盛衰を経験してきた→数千年にわたって、繁栄と衰退を繰り返しました
   「盛衰」は「栄枯盛衰」のように熟語で使われることが多いです。参考訳のように言い換えてあげるとわかりやすいです。

3. 而中华文明始终在不断进步→中華文明はずっと進んでいます→中華文明は進歩し続けています
   学生の訳では中華文明が他の文明よりレベルが上であるという意味が含まれるので、誤解を招きかねないです。参考訳のように直したほうがよいでしょう。

4. 当欧洲进入中世纪之时，中国已经在艺术、科学、哲学等方面取得了重大成就→ヨーロッパが中世に入った時、中国はすでに芸術、科学、哲学などの分野で大きな成果を収めました→ヨーロッパが中世に入った時、中国はすでに芸術、科学、哲学などの分野で大きな成果を収めていました
   「すでに〜収めました」は正しいですが、「Aが〜（した）時、Bはすでに〜収めました」とは言えません。このように主語が異なる場合、過去のある時点において、すでにその動作が完了しているときは、「〜ていた」という形を使います。

5. 我々探索得越深，就越……→探ることが深ければ深いほど→深く知れば知るほど

　学生の訳では、原文に引きずられている印象を与えます。訳語を考えるとき、原文の言葉をそのまま使う必要はありません。「探求する」という言葉もありますが、硬いので、ここでは「深く知れば知るほど」といった程度にやわらかく訳すと自然な日本語になります。

6. 就越能发现其中无穷的奥妙→その限りない面白さ、その奥深さを感じるようになります→その限りない興味深さと奥深さを感じられるようになります

　至少可以从中学到一些东西→せめて中から学びおさめることがいくつかあると思います→その中から学べることはたくさんあるのです。

　原文に可能の意味を表す言葉が入っているので、訳文でも参考訳のように「感じられる」「学べる」という形で可能の意味を訳出するようにしましょう。

7. 所以→従って→なので

　学生の訳の「従って」は間違いではありませんが、「なので」のほうが柔らかい感じがします。

【关键表达】

原文	参考訳
历史悠久的文明古国	歴史の長い文明国
希腊罗马文明	ギリシャ・ローマ文明
兴衰	繁栄と衰退（はんえい　すいたい）
中华文明	中華文明
中世纪	中世

原文	参考訳
不断进步	進歩し続けている
探索得越深，就越……	深く知れば知るほど
无穷的奥妙	限りない興味深さと奥深さ
免受西方殖民的国家	西洋の植民地(しょくみんち)にならなかった国

第二讲

演讲者：傅　勇

【原文❶】
　　近四百多年来，学习中国语言文化的势头正越来越强劲，这对中西学术交流产生了深远的影响。同时学术的发展也大大促进了文化的传播，它更新了世界各国人们对中国的看法，另一方面，通过对历史事实的探索，他们对中国有了更加深刻的认识。

【学生译文】
　　この四百年余りの間、中国の言語と文化を勉強する勢いは、ますます力強さを増し、中国と西洋の学術交流に大きな影響を与えています。また学術の発展が文化を普及することにつながり、世界各国の人々の中国に対する見方は変わりました。一方、歴史の事実を探ることで、人々は中国に対し、より深い認識を持つようになりました。

【参考译文】
　　この四百年余りの間、中国の言語と文化を勉強する勢いはますます力強さを増し、中国と西洋の学術交流に大きな影響を与えています。同時に学術の発展も文化の普及を大きく促進しており、それは世界各国の人々の中国に対する見方を一新させました。また、歴史事実の探究を通じ、世界各国の人々の中国に対する認識を更に深めました。

【解说】

1. 同时学术的发展也大大促进了文化的传播→また学術の発展が文化を普及することにつながり→同時に学術の発展も文化の普及を大きく促進しており

　「学術の発展が文化を普及することにつながり、」は、「学術の発展が文化の普及につながり、」もしくは参考訳「学術の発展も文化の普及を大きく促進しており」のようにそれぞれ名詞でそろえて訳すか、「～が～を普及させる」のように使役で訳すかのどちらかでしょう。

2. 它更新了世界各国人们对中国的看法→世界各国の人々の中国に対する見方は変わりました→それは世界各国の人々の中国に対する見方を一新させました

　"更新看法"は「見方を一新させる」、"发展经济"は「経済を発展させる」など通常、使役表現を使います。一方で、学生の訳「世界各国の人々の中国に対する見方は変わりました」という表現もあります。しかし、この訳では視点が変わってしまい、原文の意味を忠実に訳出したとはいえないでしょう。

【关键表达】

原文	参考訳
势头越来越强劲	勢(いきお)いはますます力強さを増す
文化的传播	文化の普及(ふきゅう)
更新了……的看法	……に対する見方(みかた)を一新させる

【原文❷】

　　书法和绘画是中国艺术瑰宝中不可分割的两部分。众所周知，琴棋书画是中国文人所必备的基本技能和素养，其中，琴为中国古代的一种弦类乐器，棋指的是围棋，是一种带有谋略性质的棋盘游戏，书代表书法，画就是所谓的绘画。它们作为最早的艺术形态，一直流传至今。

【学生译文】

　　書道と絵画は中国芸術の宝物の中で非常に大切で、分割することのできない二分野です。ご存知のように、「琴・碁・書・画」、この「四芸」は中国文人が身に着けるべきもので、基本素養と言われています。そのうち、琴は中国古代弦楽器の一つです。碁は囲碁のことで、戦略的思考が必要とされるボードゲームの一種です。書は書道で、画はいわゆる絵画です。これらのもっとも古い芸術形態は現在までずっと受け継がれてきました。

【参考译文】

　　書道と絵画は中国芸術の至宝であり、切っても切り離せない関係にあります。ご存知のように、「琴・碁・書・画」という「四芸」は中国の文化人が身に着けるべき基本的素養と言われています。このうち、琴とは中国古代弦楽器の一つです。碁とは囲碁のことで、戦略的思考が必要とされるボードゲームの一種です。書とは書道で、画とはいわゆる絵画のことです。これらはもっとも古い芸術形態が、現在まで受け継がれてきました。

【解说】

1. 中国艺术瑰宝→中国芸術の宝物→中国芸術の至宝

　　"瑰宝"なので、「中国芸術の宝物」より、「中国芸術の至宝」のほうがより原文の意味が伝わると思います。

2. 琴为中国古代的一种弦类乐器→琴は中国古代弦楽器の一つです→琴とは中国古代弦楽器の一つです

ここは明らかに「琴」の概念を解釈したものなので、「Nとは〜である」という文型を使って表現しましょう。

【关键表达】

原文	参考訳
基本素养	基本的素養(そよう)
围棋	囲碁(いご)
谋略	戦略的思考(しこう)
棋盘游戏	ボードゲーム
一直流传至今	現在まで受け継がれてくる

【原文❸】

　　其中书法和绘画以一种新的方式展现了中国文化的内涵：我们对于阅读的一切念想以及关于中国文化的想象都源自早期的书画。当谈及书画时，我们一定会想到文房四宝——笔墨纸砚。那么，学会识别、挑选、保存这些工具并加以不断的练习是很重要的。早在宋朝（960—1279），中国文人就称书法、绘画与诗歌为"艺术三绝"。现在，我将重点讲述中国的书法与绘画，以此探究这两种艺术的光彩照人之处。

【学生译文】

　　中でも、書道と絵画は新しい形で中国の文化の精髄を表しています：私たちは読書についてのすべての概念や想い、それに中国文化に関する想像は全部初期の書画からのものだと言えます。書画について語る時、必ず思い出すのは文房四宝、いわゆる「筆・墨・紙・硯」です。これらの道具を識別し、選び出す方法を覚え、さらに絶えずに練習することが大事です。早くも宋の時代（960～1279）に、中国の文人は書道、絵画と詩を「芸術三絶」と呼んでいた。これから、私は中国の書道と絵画を取り上げて話していきたいと思います。それによってこの二つの芸術形式の輝かしい部分を探っていきたいと思います。

【参考译文】

　　中でも、書道と絵画は新しい形で中国の文化の精髄を表しています。私たちの読書に関する考えや中国文化に関するイメージは、すべて初期の書画から生まれたものです。書画について語る時に、必ず思い出すのは「文房四宝」、すなわち、「筆・墨・紙・硯」です。これらの道具を識別し、選び、保存する方法を覚え、そして、これらの道具で絶えず練習することが重要です。早くも宋の時代（960～1279）には、中国の文化人は書道、絵画、詩を「芸術三絶」と呼んでいました。今から、中国の書道と絵画を取り上げて話していきたいと思います。それによってこの二つの芸術の輝かしい部分を探っていきたいと思います。

【解说】

1. 关于中国文化的想象→中国文化に関する想像は→中国文化に関するイメージは

「想像」は、通訳された音声だけでは「創造」と区別がつきません。やはり通訳の現場では、誤解をまねかぬよう聞いてわかる言葉、ここでは「イメージ」などに言い換えましょう。また、例えば「想像力が豊かである」のように「想像力」という熟語の場合は「想像」を使います。

2. 并加以不断的练习→さらに絶えずに練習する→そして、これらの道具で絶えず練習する

ここでは文脈から「筆・墨・紙・硯」という四つの道具で練習を重ねることであることがわかります。なので、「そして、これらの道具で」と加訳しました。加訳しない場合は、ほかの意味にとられる可能性があります。

【关键表达】

原文	参考訳
对于阅读的一切念想	読書(どくしょ)に関する考え
笔墨纸砚	筆(ふで)・墨(すみ)・紙(かみ)・硯(すずり)
光彩照人之处	輝(かがや)かしい部分

【原文❹】

　　首先，我们谈一谈书法。提到书法，大家常常会忽视这样一个问题，即我们是否只有认识汉字才能欣赏到书法呢？答案是否定的，因为从本质上来说书法是中国艺术宝库中最抽象最郑重的一种艺术形式。就如同我们欣赏西方抽象派绘画时，从不会问"它是什么"一样，所以，当欣赏一幅书法时，我们也自然不会问类似"这是什么字"的问题。

【学生译文】

　　まず、書道からいきましょう。書道について話す時、実は無視されやすい問題が一つあります。つまり、我々は漢字を認識し、漢字が分かって初めて書道を楽しむことができるのでしょうか？答えはノーです。なぜかというと、本質からいえば、書道は中国の芸術の宝の中で最も抽象的で、もっとも奥ゆかしさのある一種だと思われるからです。西洋の抽象主義の美術作品を観賞する時、「これはなんですか？」とは絶対聞かないのと同じです。だから、書道の作品を楽しむ時も、「この字は何ですか？」という問題を出さないのは当たり前です。

【参考译文】

　　まず、書道から話しましょう。書道について話す時、おろそかにされやすい問題があります。それは、私たちは漢字が理解できてはじめて書道を楽しむことができるのかどうかという問題です。答えは、ノーです。なぜなら、本質からいえば、書道は中国の芸術の宝の中でも最も抽象的で、最も奥ゆかしさのある芸術だからです。西洋の抽象主義の美術作品を観賞する時に、「これは何ですか？」とは聞かないのと同じです。したがって、書道の作品を楽しむ時も、「この字は何ですか？」と聞かないのは当たり前です。

【解说】

1. 大家常常会忽视这样一个问题，即我们是否只有认识汉字才能欣赏到书法呢？→書道について話す時、実は無視されやすい問題が一つあります。つまり、我々は漢字を認識し、漢字が分かって初めて書道を楽しむ

ことができるのでしょうか？→書道について話す時、おろそかにされやすい問題があります。それは、私たちは漢字が理解できてはじめて書道を楽しむことができるのかどうかという問題です。

　学生の訳では、問題とされた部分がはっきりしていないので、参考訳のように直しました。つまり「おろそかにされやすい問題」は「私たちは漢字が理解できてはじめて書道を楽しむことができるのかどうかという問題」であるということです。

2. 我们也自然不会问类似"这是什么字"的问题。→「この字は何ですか？」という問題を出さない→「この字は何ですか？」と聞かない

　「問題を出す」は「出題する」ことです。ここでは「聞く」もしくは「質問する」といった表現を使います。

【关键表达】

原文	参考訳
抽象派	抽象主義（ちゅうしょう）
笔画	筆順（ひつじゅん）
中国艺术宝库	中国の芸術の宝庫
常常会忽视	おろそかにされやすい

第二单元　中国书画

【原文❺】

几千年来，中国书法在不断地发展演变。公元前 213 年，秦始皇（公元前 259—前 210）曾下令焚毁天下所有书籍，以防止新思想的传播。当时宰相李斯（约公元前 280—前 208）绘制了官方字体，统一了文字书写形式。后来这种字体称为小篆，也被称为篆书。这是汉字演变的基础。自古至今，汉字的发展主要经历了五个阶段：篆书、隶书、草书、楷书和行书。

【学生译文】

数千年の間、中国の書道は絶えず進化してきています。紀元前 213 年、秦の始皇帝（約紀元前 259 〜前 210）は新しい思想の伝播を防ぐため、天下のすべての書籍を燃やせと令を下した。当時丞相の李斯（紀元前 280 〜前 208）は各種の文字を整理統一し、公式な書体を作りました。その書体はつまり今の「小篆」で、「篆書」とも呼ばれています。これは漢字の進化、変遷の最初の段階です。昔から、漢字の発展は主に篆書、隷書、草書、楷書、行書という五つの段階を通ってきました。

【参考译文】

数千年の間、中国の書道は絶えず進化してきています。紀元前 213 年、秦の始皇帝（約前 259 〜前 210）は新しい思想の普及を防ぐため、世の中のすべての書籍を燃やすよう命じました。その時、丞相の李斯（前 280 〜前 208）は各種の文字を整理し、書体を統一しました。その書体は、現在「小篆」、もしくは「篆書」と呼ばれています。これは漢字の変遷の最初の段階です。古代から現代に至るまで、漢字は主に篆書、隷書、草書、楷書、行書という五つの段階を経て発展してきました。

【解说】

1. 曾下令焚毁天下所有书籍→天下のすべての書籍を燃やせと令を下した→世の中のすべての書籍を燃やすよう命じました

学生の訳は直訳で、臨場感があって、物語を語るような雰囲気を醸し出せますが、公開講座などの場面では、もう少し距離を置いて表現したほうがよ

いでしょう。ですから、「秦の始皇帝は～ように命じました」と改めました。

2. 新思想的传播→新しい思想の伝播→新しい思想の普及

中国語の"传播"に相当する日本語は「普及」という言葉です。「伝播」は日本語にも入っていますが、普段あまり使われません。特に耳で情報を聞き取る通訳の場合は、普段よく使われている言葉を使いましょう。

3. 自古至今→昔から→古代から現代に至るまで

学生の訳は「昔から」となっていますが、これは中国語の"从过去到现在"であって、"古"と"今"の正確な意味が訳されていません。参考訳のように「古代から現代に至るまで」としっかり訳しましょう。

4. 汉字的发展主要经历了五个阶段：篆书、隶书、草书、楷书和行书→漢字の発展は主に篆書、隷書、草書、楷書、行書という五つの段階を通ってきました→漢字は主に篆書、隷書、草書、楷書、行書という五つの段階を経て発展してきました

学生の訳は原文と同じく「漢字の発展は～」で始まります。しかし、日本語に訳すときは、原文の語順や品詞にとらわれる必要はありません。参考訳のように「発展」を述部にもっていき、動詞として訳すと日本語らしくなります。また、学生の訳の「五つの段階を通って」は「五つの段階を経て」のほうがよりふさわしい表現であるといえるでしょう。

【关键表达】

原文	参考訳
几千年来	数千年の間
不断地发展演变	絶えず進化してくる
秦始皇（公元前259—前210）	秦の始皇帝(しこうてい)（前259～前210）

原文	参考訳
宰相李斯（约公元前 280—前 208）	丞相（じょうしょう）の李斯（りし）（約前280〜前208）
自古至今	古代から現代に至るまで
汉字演变	漢字の変遷（へんせん）
篆书	篆書（てんしょ）
隶书	隷書（れいしょ）
草书	草書（そうしょ）
楷书	楷書（かいしょ）
行书	行書（ぎょうしょ）
字体	フォント、字体
文字书写形式	書体

第三讲

演讲者：傅　勇

【原文❶】
　　值得一提的是，在封建时期掌握书法艺术对于个人事业的发展非常重要，这不仅因为书法可以体现出一个人的性格特点，也在于它曾被朝廷当作选拔官员的重要标准。书法与其他艺术的不同处在于它的笔画是固定的，不能更改的，这就要求书写者必须布局精巧，行笔果断，而这也是为官者所必备的素质。尽管汉字有着精确的结构，但是书写者仍可以进行创造性的发挥。同样，在不触及律令朝规的基础上充分发挥个人才智也是一种备受赞赏的美德。

【学生译文】
　　特に言うべきなのは、封建時代に書道の芸を身につけるのは、個人の発展にとって非常に重要でした。それは書道が一人の性格や素養を表すことだけではなく、当時朝廷が役人を選抜した時の重要な基準だったからです。書道はほかの芸術と違って、筆順が決められたもので、勝手に変えてはいけません。なので、書く人が入念に全体的な構成を考慮し、迷うことなく一気に筆を振るわなければならないです。実はこれも役人にとって必要とされる素質であります。漢字自身が精確な構造があるにもかかわらず、書く人は自分のクリエイティブ性を出すことができます。同じように、律令や制度を犯さないか

ぎり、個人の知恵を十分に発揮するのは一種の美徳として高く評価されていました。

【参考译文】
　　特にご注目していただきたいのは、封建時代に書道という芸を身につけることは、個人が出世する上で非常に重要だったということです。それは、書道がその性格や素養を示すだけでなく、当時朝廷が役人を選抜する時の重要な基準だったからです。書道はほかの芸術と違って、筆順が決められており、勝手に変えることはできません。したがって、書き手は入念に全体的な構成を考慮し、迷うことなく一気に筆を振るわなければなりません。これも役人にとって必要とされる素質であります。また、漢字は精確な構造を有しているにもかかわらず、書き手は自分の創造性を発揮することができます。同じように、法令や制度を犯さないかぎり、個人の知恵を十分に発揮するのは一種の美徳として高く評価されていました。

【解说】
1. 值得一提的是→特に言うべきなのは→特にご注目していただきたいのは
　　"值得一提的是"は強調か追加の意味合いを表す際に、よく使われる表現です。学生の訳の「特に言うべきなのは」は中国語の原文につられた訳でこの文脈ではふさわしくありません。また、「特筆すべきは」は、書き言葉の場合に使われる言葉なので、適訳ではありません。「特にご注目していただきたいのは」や「特に取り上げたいのは」などの訳がよいかと思います。

2. 个人事业的发展→個人の発展にとって→個人が出世する上で
　　学生の訳「個人の発展にとって」では何が発展するのかあいまいです。参考訳「個人が出世する上で」のように、具体的に文脈にそって訳語を考えましょう。封建社会の話なので、「個人の発展」より「個人が出世する」のほうがより相応しいでしょう。

3. 书写者仍可以进行创造性的发挥→書く人は自分のクリエイティブ性を出す

ことができます→書き手は自分の創造性を発揮することができます

　「書く人は自分のクリエイティブ性を出すことができます」という訳と「書き手は自分の創造性を発揮することができます」という訳を比較した場合、前者のように外来語を使わなければならないという必然性はありません。通常、漢語のなかにその概念を表す言葉があれば、それを使うことが多いです。その文脈における外来語のすわりのよさを考える必要があります。

【关键表达】

原文	参考訳
值得一提的是	特にご注目していただきたいのは
掌握书法艺术	書道という芸を身につける
个人事业的发展	個人の出世
朝廷	朝廷
选拔官员	役人を選抜する
汉字有着精确的结构	漢字は精確な構造を有している
创造性的发挥	創造性の発揮
律令朝规	法令や制度
一种备受赞赏的美德	一種の美徳として高く評価されている
布局精巧	入念に全体的な構成を考慮する
行笔果断	迷うことなく一気に筆を振るう
个人才智	個人の知恵

【原文❷】

　　我们可以挑选一些大师的作品来具体领略一下书法的神奇魅力。艺术欣赏贵在享受其中的乐趣，欣赏书法亦是如此。我们不必执着于其理论和技巧，也不需探究其字面的含义。王羲之（303—361）的《兰亭集序》被公认为中国书法史上的杰作。这篇为《兰亭诗集》而做的序言记叙了夏日兰亭出游的盛况。开头第一段这样写道：

【学生译文】

　　我々はいくつかの巨匠の作品を選んで書道の不思議な魅力を味わえればと思います。芸術鑑賞はその中に楽しさを感じ取ることが大事です。書道も例外ではないです。理論とテクニックなどにこだわる必要はなくて、もちろんその字面の意味を探ることも必要ありません。王羲之（303～361）の『蘭亭集序』は中国書道史上もっとも有名な作品だと言われています。『蘭亭詩集』のため王羲之が添えたこの序文は当時、夏に名士たちが蘭亭に会し、宴を催す盛況を記したものです。冒頭の一段落目は次のようです。

【参考译文】

　　次に、何人か大家の作品を選び、書道の不思議な魅力を一緒に体験していきましょう。芸術鑑賞はその中に楽しさを感じ取ることが大切です。書道も例外ではありません。理論やテクニックなどにこだわる必要はなく、もちろんその字面の意味を探る必要もありません。王羲之（303～361）の『蘭亭集序』は中国書道史上もっとも有名な作品だと言われています。これは『蘭亭詩集』の序文で、夏に名士たちが蘭亭に会した盛況な模様を記したものです。冒頭の一段落目は次のように書かれています。

【解说】

1. 领略一下书法的神奇魅力→書道の不思議な魅力を味わえればと思います→書道の不思議な魅力を一緒に体験していきましょう

　　相手に自分と同じ行動をとるように呼び掛ける時は、「～ましょう」を使いま

す。ですから、参考訳では「書道の不思議な魅力を一緒に体験していきましょう」というように直しました。

2. 理论和技巧→理論とテクニックなどに→理論やテクニックなどに
　「理論やテクニックなどに」のように「や」を用いたほうがよいでしょう。一般に「AとB（が）」、「AやBなど（が）」というふうに使い分けます。

3. 夏日兰亭出游的盛况→夏に名士たちが蘭亭に会し、宴を催す盛況→夏に名士たちが蘭亭に会した盛況な宴の模様
　「兰亭出游的盛况」であって、「宴を催す」という情報が入っていないので、「夏に名士たちが蘭亭に会した盛況な模様」と訳し直しました。

4. 记叙了……盛况→宴を催す盛況を記した→盛況な模様を記した
　名詞である「盛況」は通常、「盛況だった」や「盛況を極める/呈する」のように使われることが多いです。連体修飾語にする場合は、参考訳のように「盛況な」の形をとります。

5. 开头第一段这样写道→冒頭の一段落目は次のようです→冒頭の一段落目は次のように書かれています
　「〜ようです」は推量なのか、様子や状態なのか、はっきりしません。やはり、参考訳のように動詞をいれて、丁寧に訳しましょう。

【关键表达】

原文	参考訳
书法的神奇魅力	書道(しょどう)の不思議(ふしぎ)な魅力(みりょく)
开头	冒頭(ぼうとう)
享受……乐趣	楽しさを感じ取る

原文	参考訳
杰作	もっとも有名な作品
第一段	一段落目（いちだんらくめ）
理论和技巧	理論やテクニック

【原文❸】

　　永和九年，岁在癸丑，暮春之初，会于会稽山阴之兰亭，修禊事也。群贤毕至，少长咸集。此地有崇山峻岭，茂林修竹，又有清流激湍，映带左右。引以为流觞曲水，列坐其次，虽无丝竹管弦之盛，一觞一咏，亦足以畅叙幽情。

【学生译文】

　　訓読：

　　永和九年、歲癸丑に在り。暮春の初め、會稽山陰の蘭亭に會す。禊事を修むるなり。羣賢畢（ことごと）く至り、少長咸（み）な集まる。此の地に崇山峻嶺、茂林修竹有り、又た清流激湍有りて、左右に映帶し、引きて以て、流觴の曲水と爲し、其の次に列坐す。絲竹管絃の盛んなる無しと雖も、一觴一詠、亦た以て幽情を暢敍するに足る。

　　現代語訳：

　　永和九年癸努丑の歲、三月初めに、会稽山のかたわらにある「蘭亭」で筆会をひらきました。心身を清めるのが目的の催しです。大勢の知識人、それも年配者から若い人までみんな来てくれました。さて、ここは神秘的な山、峻険な嶺に囲まれているところで、生い茂った林、そして見事にのびた竹があります。また、激しい水しぶきをあげている渓川の景観があって、左右に映えています。その水を引いて觴を流すための「曲水」をつくり一同まわりに座りました。楽団が控えていて音楽を奏でるような華やかさこそありませんが、觴がめぐってくる間に詩を詠ずるというこの催しには、心の奥を述べあうに足だけのすばらしさがあるのです。

【参考译文】

　　訓読：

　　永和九年、歲癸丑に在り。暮春の初め、會稽山陰の蘭亭に會す。禊事を修むるなり。羣賢畢（ことごと）く至り、少長咸（み）な集まる。此の地に崇山峻嶺、茂林修竹有り、又た清流激湍有りて、左右に映帶し、引きて以て、流觴の曲水と爲し、其の次に列坐す。絲竹管絃の盛んなる無しと雖も、一觴

一詠、亦た以て幽情を暢敍するに足る。

現代語訳：

永和九年（353年）癸丑の歳、三月初めに、会稽山のかたわらにある「蘭亭」で筆会をひらきました。心身を清めるのが目的の催しです。大勢の知識人、それも年配者から若い人までみんな来てくれました。さて、ここは神秘的な山、峻険な嶺に囲まれているところで、生い茂った林、そして見事にのびた竹があります。また、激しい水しぶきをあげている渓川の景観があって、左右に映えています。その水を引いて觴を流すための「曲水」をつくり一同まわりに座りました。楽団が控えていて音楽を奏でるような華やかさこそありませんが、觴がめぐってくる間に詩を詠ずるというこの催しには、心の奥を述べあうに足だけのすばらしさがあるのです。

【解説】

1. 中国の古典を日本語に訳すときは、訓読するのが古くからの習わしとなっていますが、さらに現代語訳を付け加えると聞き手に対しより親切な訳し方であると言えましょう。

　　訓読とは

　大陸から漢籍が伝えられた当初は、これを音読していましたが、のちに日本語の文法に従って、日本語として読むようになりました。これがいわゆる訓読とよばれるものです。訓読するさいに用いられる句読点、返り点、送りがなを訓点といいます。また、訓点をつけた漢文を漢字かなまじり文にしたものを書き下し文といいます。

　例えば、"学而时习之"は「学びて時にこれを習う」と読み、"习"と"之"の間に「レ点」をつけ、「①②③⑤④」の順で訓読します。また、"低头思故乡"は「頭（こうべ）を低（た）れて故郷を思う」と読み、"低"と"头"の間に「レ点」を、"思"の左下に「二」・"故乡"の左下に「一」の記号いわゆる「一二点」をつけ、「②①⑤③④」の順で訓読します。返り点には他に「上中下」、「甲乙丙…」、「天地人」がありますが、複雑になるので、ここでは省略します。

2. 永和九年→永和九年→永和九年（353年）

「永和」といってもピンと来ない場合が多いですから、何年に当たるのか文内注を入れましょう。

【关键表达】

原文	参考訳
岁在癸丑	癸丑の歳
崇山峻岭	神秘的な山、峻険(しゅんけん)な嶺
一觞一咏	觞(さかずき)がめぐってくる間に詩を詠(えい)ずる
畅叙幽情	心の奥を述べあう
茂林	生(お)い茂(しげ)った林
修竹	見事にのびた竹
清流激湍	激しい水しぶきをあげている

【原文❹】

　　文中所提"兰亭"位于浙江古城绍兴。"兰"取兰花之意，"亭"即"凉亭"，也可直译为"兰亭"。两千年来，书法流派纷呈，而王羲之的书法始终是争相模仿的典范。《兰亭集序》更是突出了中国书法的伦理之美。王羲之借鉴了前辈书法家之长，他打破常规，以汉魏书法为基础加以创新，自成一体。他自幼苦练书法，据说他常到一小溪边冲洗毛笔，竟然把河水都染黑了，足见他日常练之功。经过不懈的努力，王羲之的书法可谓出神入化，他的笔法精妙，结体遒美，结构巧妙，堪称中国书法的三大典型性特点。

【学生译文】

　　文中の「蘭亭」は今の浙江省紹興市にあるところです。「蘭」はつまりランの花の意味で、「亭」はすなわち「あずまや」を指します。直訳すれば、「蘭亭」そのままになります。二千年の間で、書道の流派が続々と現れてきましたが、王羲之の書は常にみんなが争って臨模した手本です。特に『蘭亭序』は中国書道の倫理の美を際立たせたものだと思われます。王羲之は先輩書家の長所を参考にし、汉、魏の時代の書を基礎にしたうえで、しきたりを破って自己風の流派を形成しました。彼は幼い時から書道の練習に熱中し、なんと小川で毛筆を洗う度にその川の水を黒く染めたそうです。ここからやはり普段どんなに頑張って練習していたかが想像できます。たゆまぬ努力の結果、王羲之の書は神技のようになり、運筆が精妙で、字体に力強さと美しさが見えます。それに、字の組立てがものすごく巧妙です。これはいわゆる中国書道の典型的な三大特徴だと言えます。

【参考译文】

　　文中の「蘭亭」は現在の浙江省紹興市にあります。「蘭」とは蘭の花の意味で、「亭」とは「あずまや」を指します。そのまま「蘭亭」と直訳もできます。2000年の間、書道の流派が続々と現れましたが、王羲之の書は常に皆が争って臨書した手本です。特に、『蘭亭序』は中国書道の倫理の美を際立たせたものだと言えます。王羲之は先輩書道家の長所を参考にし、漢、

魏の時代の書を基礎にしたうえで、しきたりを破って自己流の流派を形成しました。彼は幼い時から書道の練習に没頭し、小川で毛筆を洗う度にその川の水を黒く染めたそうです。このことから、普段どれだけ頑張って練習していたかが伺えます。たゆまぬ努力の結果、王羲之の書は神技のようになり、運筆が精妙で、字体に力強さと美しさが見て取れます。くわえて、字の組立てがとても巧妙です。以上の三点は、いわゆる中国書道の典型的な三大特徴です。

【解说】

1. "兰亭"位于浙江古城绍兴→「蘭亭」は今の浙江省紹興市にあるところです→「蘭亭」は現在の浙江省紹興市にあります

    おそらく学生の訳は原文の"位于……"を「ところ」と訳したのでしょう。日本語では「～にある」で場所と存在を表すことができます。

2. 模仿的典范→臨模した手本です→臨書した手本です

    臨模にしても臨書にしても、手本を見ながら書くという意味ですが、書道の話なので、臨書のほうが適切でしょう。

3. 苦练→練習に熱中し→練習に没頭し

    「熱中する」と「没頭する」は、どちらもほかのことを顧みず、一つのことだけに打ち込むという意味ですが、フォーマルな文脈においては熱中より没頭のほうがふさわしいでしょう。

4. 笔法精妙，结体遒美，结构巧妙→運筆が精妙で、字体に力強さと美しさが見えます。それに、字の組立てがものすごく巧妙です→運筆が精妙で、字体に力強さと美しさが見て取れます。くわえて、字の組立てがとても巧妙です

    参考訳の他には、「筆遣いの精妙さ、洗練された美しさ、文字の構造の巧妙さ」という訳もあります。

    「ものすごく」はかなり話し言葉的です。講座の通訳も話し言葉ですが、

適度な品位が求められます。

【关键表达】

原文	参考訳
兰花	蘭の花
凉亭	あずまや
书道流派纷呈	書道(しょどう)の流派が続々(ぞくぞく)と現れる
模仿的典范	臨書(りんしょ)した手本
打破常规	しきたりを破る
苦练	練習に没頭(ぼっとう)する
自成一体	自己流の流派を形成する
笔法精妙	筆遣いの精妙(せいみょう)さ
结体遒美	洗練(せんれん)された美しさ
结构巧妙	字の組立(くみた)てがとても巧妙である

第四讲

演讲者：傅　勇

【原文 ❶】

　　在一定程度上，王羲之的书法代表着西方人对中国书法的认识。他的《兰亭集序》中的汉字突破了语言的界限，美妙如音乐，曼妙如舞姿。我们可以感受到书法整体的视觉冲击，体味到行云流水，一泻千里的气韵。王羲之死后数百年，人们尊称他为"书圣"。他在书法史上的地位无人撼动，其自由与妍媚的独特墨笔在《兰亭集序》中体现得淋漓尽致，对亚洲各国书法都产生了深远影响。

【学生译文】

　　ある程度、王羲之の書は西洋人の中国の書道に対する認識を代表しています。彼の《蘭亭序》の中の漢字は言語の限界を突破し、音楽や舞踊のごとく、しなやかで美しいものです。視覚的なインパクトが非常に印象深くて、行雲流水、一瀉千里の趣を感じ取ることができます。死後数百年の間で、人々に「書聖」と称されていた王羲之の書道史上の地位は誰にも動かせないです。その自由で美しい書風が『蘭亭序』の中で余すところなく、完全に表現され、アジア各国の書道に深い影響を与えました。

第二单元　中国书画

【参考译文】

　　王羲之の書は、一定程度、中国の書道に対する西洋人の認識を代表しています。彼の『蘭亭序』の中の漢字は言語の限界を超えて、音楽や舞踊のようにしなやかで美しいものです。視覚的なインパクトが非常に印象深く、行雲流水（空を行く雲や流れる水のように）、一瀉千里（筆遣いが自由奔放であり、勢いがある様子）の趣を感じ取ることができます。死後数百年もの間、人々に「書聖」と称されてきた王羲之の書道は、誰も越えられません。その自由で美しい書風が『蘭亭序』の中で余すところなく、完全に表現され、アジア各国の書道に深い影響を与えました。

【解说】

1. 他的《兰亭集序》中的汉字突破了语言的界限，美妙如音乐，曼妙如舞姿→彼の《蘭亭序》の中の漢字は言語の限界を突破し、音楽や舞踊のごとく、しなやかで美しいものです→彼の『蘭亭序』の中の漢字は言語の限界を超えて、音楽や舞踊のようにしなやかで美しいものです

　　学生の訳は「彼の《蘭亭序》の中の漢字は言語の限界を突破し、音楽や舞踊のごとく、しなやかで美しいものです。」とありますが、原文にある語をそのまま使う必要はありません。参考訳のようにすると、硬さが取れます。

2. 行云流水，一泻千里→「行雲流水、一瀉千里」→行雲流水（空を行く雲や流れる水のように）、一瀉千里（筆遣いが自由奔放であり、勢いがある様子）

　　学生は「行雲流水、一瀉千里」と訳していますが、逐次通訳ではなかなか耳で聞き取るのは難しいので、それぞれに解釈を入れる必要があります。行雲流水（空を行く雲や流れる水のように）、一瀉千里（筆遣いが自由奔放であり、勢いがある様子）というように説明を加えました。

3. 人们尊称他为"书圣"→人々に「書聖」と称されていた王羲之→人々に「書聖」と称されてきた王羲之

　　「～ていた」は過去における継続・状態を表します。王羲之は今でも「書

聖」と呼ばれているので、「～てきた」を使います。

4. 地位无人撼动→地位は誰にも動かせないです→誰も越えられません
　学生の訳は中国語の「地位无人撼动」に流されて、そうなってしまったと言えます。「王羲之は『書聖』と称され、その右に出る者がいないと言われるまでになりました」もしくは「人々に『書聖』と称されてきた王羲之の書道は、誰も越えられません」と訳したほうが自然でしょう。

【关键表达】

原文	参考訳
突破了语言的界限	言語（げんご）の限界（げんかい）を超える
美妙如音乐，曼妙如舞姿	音楽や舞踊（ぶよう）のようにしなやかで美しい
视觉冲击	視覚的（しかくてき）なインパクト
体味	感じ取る
行云流水	空を行く雲や流れる水のように
气韵	趣（おもむき）
地位无人超越	誰も越えられない
亚洲各国书法	アジア各国の書道
其自由与妍媚的独特墨笔	その自由で美しい書風

【原文 ❷】

　　直至今日，日本每年召开两次会议来纪念昔日群贤相会兰亭的盛事。唐太宗（599—649）酷爱王羲之书法，生前大量收集其真迹，死后命人将《兰亭集序》作为殉葬品。王羲之的作品（包括《兰亭集序》在内），流传至今的只有石拓本和唐朝其他书法家的临摹本。

【学生译文】

　　今日に至るまで、日本は毎年2回会議を開催して名士たちが蘭亭に会し、曲水の宴を開き、この盛大な行事を記念するということです。唐の太宗（599～649）は王羲之の書が大好きで、生前に王の真筆を大量に収集し、さらに『蘭亭序』を自分の死後の副葬品にするよう命じました。王羲之の書（『蘭亭序』を含む）で、今に伝わるのは石の拓本と唐の時代の書人が臨書したものしかありません。

【参考译文】

　　今日に至るまで、日本では毎年2回、往年の名士たちが蘭亭に会したことを記念する会議を開催しているということです。唐代の太宗（599～649）は王羲之の書が大好きで、生前に王羲之の作品を大量に収集し、さらに『蘭亭序』を自分の死後の副葬品にするよう命じました。王羲之の書（『蘭亭序』を含む）の中で、現存するものは、石の拓本と唐代の書道家が臨書したものしかありません。

【解说】

1. 日本每年召开两次会议来纪念昔日群贤相会兰亭的盛事→日本は毎年2回会議を開催して名士たちが蘭亭に会し、曲水の宴を開き、この盛大な行事を記念するということです→日本では毎年2回、往年の名士たちが蘭亭に会したことを記念する会議を開催しているということです

　　学生の訳では、「名士たち」が今の人か昔の人か、はっきりしません。参考訳のように、原文の"昔日"を「往年の」としっかり訳出しましょう。また、「～を記念する会議」のように連体修飾語を使ってまとめ、「開催している」

の目的語にすると、事実関係がはっきりします。原文では"召开……纪念"という構造になっていますが、必ずしもその構造のとおりに訳さなければならないというわけではありません。

【关键表达】

原文	参考訳
直至今日	今日に至るまで
昔日群贤	往年の名士たち
殉葬品	副葬品（ふくそうひん）
石拓本	石の拓本（たくほん）
临摹本	臨書（りんしょ）したもの

【原文 ❸】

　　王羲之改变了传统书法的风格，对后来许多书法家产生了决定性的影响。以柳公权（778—865）为例，柳公权临摹王羲之书法，恪守"轻左重右"的书写原则，起笔轻巧，左边勾画一拓直下，轻松自如，与右边一脉相承。因此，柳公权书写的整体风格大致反映了王羲之书法的结构特点，其笔锋和字体的整体布局多样，生动活泼，透露出他的情感意境。柳公权的风格适为中国学童所效仿。他曾做过太子少师，在中国古代这是备受尊崇的职位。

【学生译文】

　　王羲之は伝統的な書道のスタイルを変えて、後世の数多くの書家に決定的な影響を及ぼしました。例えば、柳公権（778～865）は王羲之の書を臨書し、「左を軽くし、右を重くする」という原則を堅持し、入筆が軽くて、左側から一気に下り、思いのままに筆を使って、右側と完璧に照応させます。だから、柳公権の書の全体的なスタイルは王羲之の書の構造の特徴を反映して、その筆鋒と字体の全体構造が多様で、生き生きとしています。こういう書風の中に書人の感情、情緒がにじみ出ています。柳公権の書は中国の書道学習者の臨模にとてもふさわしいものです。彼は以前、古代の中国で大変尊びあがめられた「太子少師」という職を務めたことがあります。

【参考译文】

　　王羲之は伝統的な書道のスタイルを変えて、後世の多くの書道家に大きな影響を及ぼしました。例えば、柳公権（778～865）は王羲之の書を臨書し、「左を軽くし、右を重くする」という原則を貫き、入筆が軽くて、左側から一気に下り、思いのままに筆を使い、右側へと完璧に照応させました。それゆえ、柳公権の書の全体的なスタイルは王羲之の書の構造の特徴を反映しており、その筆鋒と字体の全体構造が多様で、生き生きとしています。こうした書風の中に、柳公権の感情がにじみ出ています。柳公権の書は、中国の書道学習者の手本にふさわしいものです。彼は生前、古代の中国であがめられた「太子少師」という職を務めていたことがあります。

【解说】

1. 恪守→堅持し→貫き

　"恪守"は"坚持"という意味で、"坚持"という言葉は普段、中国人の会話の中でよく使われる言葉ですが、日本語の「堅持する」はかなり硬い言葉です。ですから、「貫く」に直しました。一方、「政府活動報告」の中の"坚持"は「堅持する」と訳してもかまいません。それはフォーマルな文体だからです。

2. 因此→だから→それゆえ

　"因此"を「だから」と訳す場合もありますが、ただ「だから」には主観的な判断というニュアンスがあるので、「それゆえ」に改めました。

3. 他曾做过太子少师，在中国古代这是备受尊崇的职位→彼は以前、古代の中国であがめられた「太子少師」という職を務めていたことがあります→彼は生前、古代の中国であがめられた「太子少師」という職を務めていたことがあります

　文脈からでもわかりますが、参考訳のように「生前」の方が故人であることがはっきりします。

【关键表达】

原文	参考訳
恪守	貫(つらぬ)く
轻左重右	左を軽(かる)くし、右を重(おも)くする
因此	それゆえ
一拓直下	一気(き)に下(くだ)り
备受尊崇	あがめられる

第二单元　中国书画

【原文❹】
　　皇上曾问柳公权怎么才能练就好字，他回答说："用笔在于用心。心正笔亦正，字才能写好。"许多书法家认为"神笔难写凤飞家"，柳公权曾苦练"凤""飞""家"三字，他写了一遍又一遍，直至满意为止，后来留下"会写凤飞家，敢在人前夸"的诗句。这种富有豪气的论断和练就书法的净胜阐释了中国书法的真谛，对我们很有启发性。

【学生译文】
　　皇帝にどうすれば書が上達するかと聞かれたとき、柳公権は「用筆は心にあり、心正しければ筆正し。斯くて上達する」と答えました。「神筆も『鳳』、『飛』、『家』を書くのが難しい」と多くの書家は言っています。そのため、柳公権は一生懸命に「鳳」、「飛」、「家」という三文字を練習し、自分が満足できるまで何度も何度も書いて、最後に「會写鳳飛家、敢在人前誇（『鳳』、『飛』、『家』を書けるなら、人の前で自慢できる）」という詩句が残されました。この豪気に満ちた論断、それにこういう書を極めようとする信念が中国書道の真髄だと思います。我々にとって非常に啓発的なものだといえます。

【参考译文】
　　皇帝にどうすれば書が上達するかと聞かれた柳公権は、「用筆は心にあり、心正しければ筆正し。斯くて上達する」と答えました。「能書家であっても『鳳』、『飛』、『家』を書くのは難しい」と、多くの書道家は言っています。柳公権も「鳳」、「飛」、「家」という三文字を懸命に練習し、自分が満足できるまで何度も何度も書いたのです。こうして、「會写鳳飛家、敢在人前誇（『鳳』、『飛』、『家』を書けるなら、人前で自慢できる）」という詩句が残されたのです。この豪気に満ちた論断、書を極めようとする信念こそ中国書道の真髄であり、私たちにさまざまな示唆を与えてくれます。

【解说】
1. "神笔难写凤飞家"→神筆も『鳳』、『飛』、『家』を書くのが難しい→能書家であっても『鳳』、『飛』、『家』を書くのは難しい

原文の語をそのまま使うのではなく、聞き手がわかる言葉で説明することが大事です。

2. 后来留下……的诗句→最後に～という詩句が残されました→こうして、～という詩句が残されたのです

単に事実を述べる訳も成り立ちますが、参考訳のように説明してあげると前後の文につながりが出ます。

3. 对我们很有启发性→我々にとって非常に啓発的なものだといえます→私たちにさまざまな示唆を与えてくれます

学生の訳はまさに中国語をそのまま直訳したようなものです。「啓発的」より、もう少し距離を置いて、日本人ならどのような表現を使うのかと常に自分に問いかける必要があります。「示唆を与えてくれます」と訳すのも選択肢の一つでしょう。

【关键表达】

原文	参考訳
用笔在于用心	用筆(ようひつ)は心にあり
心正笔亦正	心正しければ筆正し
神笔难写凤飞家	能書家(のうしょか)であっても『鳳』、『飛』、『家』を書くのは難しい
敢在人前夸	人前で自慢できる
富有豪气的论断	豪気(ごうき)に満ちた論断(ろんだん)
练就书法的净胜	書を極めようとする信念
后来留下……的诗句	こうして、～という詩句が残されたのだ
对我们很有启发性	私たちにさまざまな示唆(しさ)を与えてくれる

【原文❺】

　　书法与社会等级和地位无关，它离不开艺术的想象和创造。中国历史上，有好多皇帝酷爱书法，留下了点滴墨宝，这并不稀罕。其中最有名的是宋徽宗（1101—1126年在位），他被公认为是一位很有才学的书法家、画家。他喜欢在翰林院组织各种书画比赛，其间会挑选诗句或对联，赋予其深层含义，并以此命题作文。有时他也挥毫泼墨，展现自己精炼而独特的笔法。

【学生译文】

　　書道は社会の等級と地位と関係なく、欠かせないのは芸術の想像と創作です。中国の歴史上、書道を愛好した皇帝は少なくなくて、素晴らしい書を残すことも珍しくないです。中でも最も有名なのは宋徽宗（在位1101～1126年）と言えます。徽宗は非常に才能のある能書家、画家と認められて、翰林院で様々な書画の試合を組織することに熱中していました。その際、彼は詩や対聯を取り上げ、深い意味を与えて、そしてそれを創作のテーマにします。時々彼も筆を執って、自分の精錬で独特な筆法を見せます。

【参考译文】

　　書道は社会の階層や地位とは関係なく、想像力と創作力だけが求められる芸術です。中国の歴史上、書道を愛好した皇帝は数多く、素晴らしい書を残すことも珍しくありません。中でも、最も有名なのは宋の徽宗（在位1101～1126年）です。徽宗は非常に才能のある能書家、画家と認められており、翰林院で書画を競う様々な催しを開くことに凝っていました。その際、彼は詩や対聯を取り上げ、深い意味を与え、それを創作のテーマにしました。時々、彼自身も筆を執って、自分の精錬で独特な筆法を披露しました。

【解说】

1. 书法与社会等级和地位无关，它离不开艺术的想象和创造→書道は社会

の等級と地位と関係なく、欠かせないのは芸術の想像と創作です→書道は社会の階層や地位とは関係なく、想像力と創作力だけが求められる芸術です

"它离不开艺术的想象和創造"の部分ですが、学生の訳は「欠かせないのは芸術の想像と創作です」となっています。これでは、原文の直訳で、意味がはっきりしません。間違いではありませんが、理解するのに少し時間がかかります。参考訳のように「書道は～芸術です」と、まず主部と述部の関係をはっきりさせ、「想像力と創作力だけが求められる芸術」のように連体修飾語で説明すると意味が伝わりやすくなります。

2. 书法与社会等级和地位无关→書道は社会の等級や地位とは関係なく→書道は社会の階層や地位とは関係なく

「等級」は、果物の品質や天体の明るさなどの段階を表すときに使われることが多いです。社会の段階を表すときは、参考訳のように「階層」もしくは「階級」を使います。

3. 有好多皇帝酷爱书法→書道を愛好した皇帝は少なくなくて→書道を愛好した皇帝は数多く

「少なくなく」という二重否定の形より、肯定の表現のほうがより原文の"有好多"の意味を表しているでしょう。また、通訳の場合、そのほうが早く理解してもらえると思います。

4. 宋徽宗→宋徽宗→宋の徽宗

通訳では聞いてわかる言葉にすることが大事です。

5. 喜欢组织各种书画比赛→様々な書画の試合を組織することに熱中する→書画を競う様々な催しを開くことに凝っていました

まず、ここでの"比赛"はスポーツではないので、「試合」と訳すのは不自然でしょう。「試合」は、通常、スポーツや武道などに使われることが多いです。ここでは、参考訳のように「催し」もしくは「活動」、「大会」などの訳

がよいでしょう。

　また、"组织"の直訳は「組織」ですが、日本語の「組織」は動詞としてあまり使われません。"喜欢"は「熱中する」と訳す場合もありますが、宋の徽宗という偉い方の身分にはそぐわない表現です。以上をまとめて訳し直すと、「翰林院で書画を競う様々な催しを開くことに凝っていました」となります。

【关键表达】

原文	参考訳
留下了点滴墨宝	素晴らしい書を残す
宋徽宗	宋の徽宗(きそう)
精炼	精錬(せいれん)
展现笔法	筆法を披露する

第五讲

演讲者：傅　勇

【原文❶】
　　他那独创的瘦金体最为著名，与传统的书写规则不同，徽宗笔锋独特。在此铭文中，我们可以感觉到每一笔每一画都可单独成形。他的笔迹虽瘦，却苍劲有力，传达出一种骨质的美感和生命的张力。徽宗的这一独创书法在艺术界产生了很大反响。有人称徽宗是一位行笔流畅的艺术大师，才情恣意，并不为过。

【学生译文】
　　特に徽宗が独自に考案した「瘦金体」は最も有名で、従来の書き方とはずいぶん違って、独特な筆鋒が見られます。この銘文を見ると、その一筆、一画の高い完成度がはっきり感じられます。彼の筆画は若干やせているけど、筆勢に年季が入って力強いもので、一種の枯れた美しさと強い生命力が伝わってくるのは間違いないです。徽宗のこのオリジナルな書体が芸術界において大変影響力を持つものになりました。だから、徽宗が筆遣い、または筆運びが滑らかで、才気溢れる芸術の大家と言われるのも決して過言ではありません。

【参考译文】
　　特に徽宗が独自に考案した「瘦金体」は最も有名で、従来の書き方と

はかなり異なり、独特な筆鋒が見られます。彼の銘文を見ると、その一画、一画高い完成度をはっきりと感じることができます。筆画は若干やせているものの、筆勢は年季が入った力強いもので、一種の枯れた美しさと強い生命力が伝わってきます。そして、徽宗の彼独自の書体は、芸術の世界において大変影響力を持つものになりました。徽宗が筆遣い、筆運びが滑らかで、才気溢れる芸術の大家と言われるのもうなずけます。

【解説】

1. 笔迹虽瘦，却苍劲有力→彼の筆画は若干やせているけど、筆勢に年季が入って力強いもので→筆画は若干やせているものの、筆勢は年季が入った力強いもので

 「けど」は講座における言葉遣いとしてはふさわしくないので、「ものの」を使うとよいでしょう。

2. 徽宗的这一独创书法在艺术界产生了很大反响。有人称徽宗是一位行笔流畅的艺术大师，才情恣意，并不为过→徽宗のこのオリジナルな書体が芸術界において大変影響力を持つものになりました。だから、徽宗が筆遣い、または筆運びが滑らかで、才気溢れる芸術の大家と言われるのも決して過言ではありません→徽宗が筆遣い、筆運びが滑らかで、才気溢れる芸術の大家と言われるのもうなずけます。そして、徽宗の彼独自の書体は、芸術の世界において大変影響力を持つものになりました

 この部分の参考訳は文レベルの「倒訳」になっています。原文の語順どおりに訳す必要はなく、日本語の論理的流れからいっても、こちらの訳のほうが自然です。

【关键表达】

原文	参考訳
笔迹虽瘦	筆画(ふでえ)は若干やせているものの

原文	参考訳
苍劲有力	年季が入った力強い
行笔流畅	筆遣い(ふでづかい)、筆運びが滑らか
才情恣意	才気溢れる
骨质的美感	枯(か)れた美しさ

第二单元　中国书画

【原文❷】

　　下面我们探讨一下中国书法中所蕴藏的哲学思想。远古时期，中国人推崇"天圆地方"，并有"东西南北"四方之说。于是"方圆"的概念便作为行为准则，融入人的性格发展之中。人应讲求为人圆通，处事方正。实际上，"圆"除了它本身所指之外，还有完成及履行之意。

【学生译文】

　　次に中国書道に秘められている哲学思想について見てみましょう。大昔、中国人は「天円地方」を信仰し、「東西南北」四方の言い方を使っていました。そういうわけで、「方円」の概念が行動規範として人々の性格の発展の中に溶け込んでいた。人と接する時は「円通」（円滑で融通）が重要視され、物事の処理には「方正」、つまり正直な気持ちでなければなりません。実は、「円」というのは、その元の意味のほか、完成、或は成し遂げるという意味が含まれています。

【参考译文】

　　次に中国の書道に秘められている哲学思想について見てみましょう。大昔、中国人は「天円地方」という考え方を信仰し、「東西南北」四方の言い方を使っていました。そのため、「方円」という概念は行動規範として、人々の性格形成に影響を与えました。人と接する時は「円通」（円滑で融通が利くこと）が重要視され、物事の処理には「方正」、つまり正直な気持ちで向き合うべきだとされました。「円」には、丸いという元の意味のほか、「完成させる」、あるいは「成し遂げる」という意味も含まれています。

【解说】

1. "方圆"的概念便作为行为准则，融入人的性格发展之中→「方円」の概念が行動規範として人々の性格の発展の中に溶け込んでいた→「方円」という概念は行動規範として、人々の性格形成に影響を与えました

　　「概念」は動作主の役割を果たすことがでず、よって「概念が性格の発展の中に溶け込む」というのは非文です。学生の訳の「性格の発展」は、原

97

文の語をそのまま使った訳で、意味がはっきりしないので、参考訳「人々の性格形成に影響を与えました」のように原文の意味を汲み取ったうえで訳語を選ぶようにしましょう。

2. 处事方正→物事の処理には「方正」、つまり正直な気持ちでなければなりません→物事の処理には「方正」、つまり正直な気持ちで向き合うべきだとされました

「正直な気持ちでなければなりません」の訳では、やはり動詞が一つ足りないような感じがし、落ち着かないので、参考訳のように「正直な気持ちで向き合うべきだ」というように「向き合う」を補って表現しました。

3. "圆"除了它本身所指之外→「円」というのは、その元の意味のほか→「円」には、丸いという元の意味のほか

学生の訳は「その元の意味のほか」となっていますが、聞き手に配慮していない訳文と言えましょう。通訳は解釈なり、すべての通翻訳は通翻訳者の解釈の結果と言ってもいいでしょう。もちろんその解釈は原文の意味をしっかり汲み取った上でのものでなければなりません。"它本身所指"と聞いて、文字をそのまま訳すのではなく、中に含まれているメッセージは何か、また、そのメッセージをどのように聞き手にわかりやすく伝えるのか、といったことを常に訳す際には、自分に問いかける必要があります。"它本身所指"、つまり「丸い」という意味なので、参考訳では「『円』には、丸いという元の意味のほか」というように訳しました。

【关键表达】

原文	参考訳
行为准则	行動規範(きはん)
性格发展	性格形成(けいせい)
自然灵性	自然の霊(れい)

【原文❸】

　　这种理念与自然有着直接的联系。笔触所及与自然意象密不可分，并依之命名。不同的"点"可被称为"钉头"、"鼠尾"或"斧段"，靠的不是外形的相似，而在于其神韵和自然灵性的相通，"精"、"气"、"神"蕴含于每一笔画之中。

【学生译文】

　このような理念は自然と直接つながっているもので、筆先から生まれたものも自然のイメージと密着して、さらにそれによって名付けられます。異なる「点」はそれぞれ「釘の頭」、「鼠尾」、或は「斧段」と呼ばれています。形が似ているわけではなくて、その神韻と自然の霊性が相通じているからです。「精」、「気」、「神」が各筆画に含まれています。

【参考译文】

　このような理念は自然と直接の関係があります。筆先から生まれたものが自然のイメージと結びつき、名付けられたのです。異なる「点」はそれぞれ「釘の頭」、「鼠尾」或いは「斧段」と呼ばれます。形が似ているわけではなく、その神韻と自然の霊が通じているからです。「精」、「気」、「神」が各筆画に含まれています。

【解说】

1. 与自然意象密不可分→自然のイメージと密着して→自然のイメージと結びつき

　「密着」は通常、「生活に密着」や「密着取材」のように使われることが多いです。原文の"密不可分"は、「切っても切れない」と訳すことが多いですが、参考訳のように「結びつく」という訳も使えます。

【关键表达】

原文	参考訳
与自然意象密不可分	自然のイメージと結びつく

【原文❹】

　　所有汉字由点线构成，但又不仅仅是单一的点和线，而是书写过程中的顺势发挥。这些点线粗细不一，需要一定的技巧来保证整体行气的流畅性。点线都力求表现出气韵，也就是其"生命力"。书法家们总是能够协调笔墨的均匀，依据纸张的薄厚和渗透性，流畅运笔，进而自由地创作出各种各样的书法风格。

【学生译文】

　　すべての漢字は点と線からなるものですが、単一の点と線の組み合わせだけではなく、書くプロセスにおいて勢いに従って、気に任せるのは大事です。これらの点と線は、太さが一定でなく、全体的な気の流れの滑らかさを保障する、ある程度のテクニックが必要です。すべての点、線に気韻が注がれて、つまり「生命力」があります。書家たちは墨の濃淡をうまく調整することができ、紙の厚さと浸透性に合わせて、滑らかな筆遣いで自由に様々な書風を創作します。

【参考译文】

　　すべての文字は点と線からなりますが、単一の点と線の組み合わせだけではなく、書くプロセスにおいて勢いに従って、気に任せるのが大切です。これらの点と線は太さが一定ではないので、全体的な気の流れを滑らかにする一定のテクニックが必要です。すべての点、線に気韻が注がれて、「生命力」を持つのです。書道家たちは、墨の濃淡をうまく調整し、紙の厚さと浸透性に合わせて、滑らかな筆遣いで自由に様々な書風を創作します。

【解说】

1. 但又不仅仅是单一的点和线，而是书写过程中的顺势发挥→単一の点と線の組み合わせだけではなく、書くプロセスにおいて勢いに従って、気に任せるのは大事です→単一の点と線の組み合わせだけではなく、書くプロセスにおいて勢いに従って、気に任せるのが大切です

　　学生の訳では"重要的是……"というものを加訳しましたが、原文の意味

から逸脱していないので、問題ないと思います。しかし、「〜は大事」より「〜が大事」のほうがよいでしょう。「勢いに従って、気に任せる」という部分は新情報であり、強調すべき内容だからです。

2. 这些点线粗细不一→太さが一定でなく→太さが一定ではないので
　　原文には理由を表す言葉は含まれていませんが、意味上は理由を示しているので、参考訳のように補って訳すとわかりやすいです。

3. 也就是其"生命力"→つまり「生命力」があります→「生命力」を持つのです
　　ここの中国語は少しわかりにくいと思いますが、前後の文脈から"由此产生了'生命力'"と理解することができます。よって、「『生命力』を持つのです」としました。

【关键表达】

原文	参考訳
一定的技巧	一定のテクニック
保证整体行气的流畅性	全体的な気の流れを滑らかにする
笔墨的均匀	墨の濃淡(のうたん)
纸张的薄厚	紙の厚さ
顺势发挥	勢(いきお)いに従って、気(ま)かに任せる

【原文❺】

　　西方的书法追求统一的标准，中国书法却不同，提倡行笔的随意性，书者有自由艺术的表达空间，那种统一的书写方式只能算是一种技能，而不是艺术。在中国艺术大师看来，书法是"精气神"的统一，是融入书者思想最好的创作。相对更随意，但要求更高，因为它需要书者的身心统一。故此，古今书法家又大多以长寿著称。

【学生译文】

　　西洋の書道は統一な標準を求めているのに対して、中国書道は運筆法の随意性を主張し、書人にとって芸術表現の自由度がかなり高いです。その統一の書き方は芸術ではなくて、1種の技能にすぎないのです。中国の芸術大家にとって、書道は「精気神」の統一で、書人の思想の表現にもっともぴったりな創作だと思われています。自由度が高いように見えますが、要求されるものがさらに厳しいです。「心身統一」、つまり心と体の統一性が求められています。だから、古今の書家はほとんど長寿な人だと知られています。

【参考译文】

　　西洋の書道が統一的な基準を求めているのに対して、中国の書道は自由な筆遣いを許しているので、書道家にとって芸術表現の自由度がかなり高いと言えます。統一的な書き方は芸術ではなく、一種の技能にすぎないと考えられています。中国芸術の大家にとって、書道は「精気神」の統一であり、書道家の思想表現に最も適した創作芸術であると思われます。ただし、自由度は高いですが、要求されることも高いです。「心身統一」、つまり心と体の統一が求められるのです。そのため、古今の書道家の多くが長寿だと知られています。

【解说】

1. 提倡行笔的随意性→中国書道は運筆法の随意性を主張し→中国の書道は自由な筆遣いを許している

　　中日の間では漢字を共有しているからと言って、中国語をそのまま日本語

に変換して、それで日本語になると考えるのは大間違いです。「運筆法」にしても「随意性」にしても、原文の語をそのまま用い、翻訳調で、聞いてピンと来ない言葉です。いわゆる見てわかる日本語です。通訳では、聞き手にとってわかりやすい言葉で訳すのが何よりも大事なことです。「中国の書道は自由な筆遣いを許している」という訳は一つの選択肢でしょう。

2. 只能算是一种技能，而不是艺术→芸術ではなくて、1種の技能にすぎないのです→統一的な書き方は芸術ではなく、一種の技能にすぎないと考えられています

　このように考えたのは自分だけではなく、広く一般的にそう思われているので、文末で「～と考えられています」と表現したほうがより客観的な表現といえるでしょう。

3. 相对更随意，但要求更高→自由度が高いように見えますが、要求されるものがさらに厳しいです→ただし、自由度は高いですが、要求されることも高いです

　接続詞「ただし」の部分は、原文にはありませんが、意味的に補って訳すと、文章が流れます。

【关键表达】

原文	参考訳
行笔的随意性	自由な筆遣い
中国艺术大师	中国芸術の大家
身心统一	心と体の統一
朝代	時代
流派	流派（りゅうは）

原文	参考訳
截然不同	それぞれ異なる
基本原则	基本原則
毛笔	毛筆(もうひつ)
阴阳结合	陰陽(おんよう)の結合
儒家思想	儒教(じゅきょう)思想
用笔	筆遣(ふでづか)い
刺绣图案	刺繍(ししゅう)の文様(もんよう)
隐士	隠遁者(いんとん)

【原文 ❻】

　　每个汉字的构造已既成标准，但是其书写形式却多种多样。不同朝代，不同流派，不同书法家所写出的字体风格截然不同。这就好比在中国存在着上百个不同的方言，即使不同的人说同一个字也会有不同的发音。但是，"中锋理论"（毛笔始终不偏不倚，保证字体用墨均匀）是每位书者必须遵守的基本原则，风格的迥异仅仅是在其基础上的产物，只要掌握这一理论，任何风格自然水到渠成。

【学生译文】

　　すべての漢字の構造は決められていますが、書く方法、或は書体が多様です。異なる時代、異なる流派、そして異なる書家の書体もはっきりと違います。中国にある百個以上の方言と同じように、同じ字と言っても人によって発音がそれぞれです。しかし、「中鋒理論」（筆の鋒先がいずれの方にも偏って用いられる事はなく、書の真ん中を通って、墨の均一が保証される）は各書家が守らなければならない基本原則で、スタイルの差違はその土台の上での産物です。この理論をしっかりと把握できると、どんなスタイルでも自然に生み出せるようになると思います。

【参考译文】

　　すべての文字の構造は決められていますが、書体にはさまざまな種類があります。異なる時代、流派、書道家の書体はそれぞれ異なります。中国にある百以上の方言と同じように、同じ字であっても人によって発音はそれぞれ違います。しかし、「中鋒理論」（筆の鋒先がいずれの方にも偏って用いられる事はなく、書の真ん中を通って、墨を均一に施すという理論）は各書道家が守らなければならない基本原則で、スタイルの差異は、この基本原則を守った上で出さなければなりません。この理論を体得できると、どんなスタイルでも自然に生み出せるようになるのです。

【解说】

1. 书写形式却多种多样→書く方法、或は書体が多様です→書体にはさまざ

まな種類があります

　参考訳のように「書体にはさまざまな種類があります」と訳したほうが構文全体がはっきりします。一般に日本語では、「書体には」のように対象・範囲を指定する格助詞「に」と、さらにそれを主題化する「は」を用いて、その文脈における話題を明示する表現方法がよく使われます。例えば「翻訳方法がいくつかあります」は、単に事実を述べた文ですが、「翻訳にはいくつかの方法があります」では、「翻訳には」で話題を明示し、その「方法」に焦点を当てることができます。

2. 不同朝代，不同流派，不同书法家所写出的字体风格截然不同→異なる時代、異なる流派、そして異なる書家の書体もはっきりと違います→異なる時代、流派、書道家の書体はそれぞれ異なります

　このように「異なる」という同じ言葉が繰り返される場合、通常、重複をさけ、まとめて訳すことが多いです。そのほうが簡潔でわかりやすいです。ただし、強調したい場合はその限りではありません。

3. 中锋理论→「中鋒理論」（筆の鋒先がいずれの方にも偏って用いられる事はなく、書の真ん中を通って、墨の均一が保証される）→「中鋒理論」（筆の鋒先がいずれの方にも偏って用いられる事はなく、書の真ん中を通って、墨を均一に施すという理論）

　括弧の中は理論の説明なので、「〜という理論」で締めくくりましょう。

4. 风格的迥异仅仅是在其基础上的产物→スタイルの差違はその土台の上での産物です→スタイルの差異は、この基本原則を守った上で出さなければなりません

　この文もややわかりにくいですが、文脈でその伝えたいことが判断できるはずです。つまり、"只有在遵守该理论的前提下才可以表达迥异的风格"というメッセージです。参考訳のように「スタイルの差異は、この基本原則を守った上で出さなければなりません」と訳せばよいでしょう。学生の訳は表面の意味を訳しただけです。文脈で理解し、その意味の抽出には至りませんでした。

5. 掌握→把握→体得

　ここでは「把握する」の意味より「理論を心得る」、「理論を自分のものにする」などの意味に相当するので、そのように訳しましょう。言葉の意味よりも、この文脈における意味は何かを常に考える必要があります。

【关键表达】

原文	参考訳
用墨均匀	墨(すみ)を均一に施(ほどこ)す
风格的迥异	スタイルの差異(さい)
掌握理论	理論を体得(たいとく)する
水到渠成	生み出せるようになる

第六讲

演讲者：傅　勇

【原文❶】
　　正如我们先前所提到的，书法反映一个人的性格。应如何看待这一点呢？这指的是心笔统一，只有这样才能写好字。阴阳结合称为道，故书法之道在于相由心生。如果书者不能协调好这一自然规律，他就不能创作出表达自己真实心声的作品。我手写我心，故而书法代表着一个人的形象和气质。

【学生译文】
　先ほど申し上げたように、書道には人の性格が反映されています。この点についてどう考えるべきなのでしょうか。これは、つまり心と筆の統一がなければ、字をうまく書けないということです。陰陽の結合は「道」と呼ばれており、「相は心から生じる」というのは書の道だと言えます。書家はこの自然の法則をうまく処理できないなら、自分の思想に忠実な創作ができないです。手で書いたのはあくまでも心の反映だから、書道が人の性格や気質を表すのはそういうわけです。

【参考译文】
　先ほどお話ししたように、書道には人の性格が反映されます。この点についてどう考えるべきでしょうか。これは、つまり心と筆の統一がなければ、字

はうまく書けないということです。陰陽の結合は「道」と呼ばれており、「相は心から生じる」というのは書の道だと言えます。書道家はこの自然法則を血肉化できなければ、自分の思想に忠実な創作はできないのです。手で書いたのはあくまでも心の反映であるため、書道は人の性格や気質を表すのです。

【解说】

1. 如果书者不能协调好这一自然规律→書家はこの自然の法則をうまく処理できないなら→書道家はこの自然法則を血肉化できなければ

　中国語の"协调"は応用範囲が広い言葉です。また、各文脈にもそれなりの意味合いがあります。このセンテンスにおける"协调"は、"对这一自然规律了然于心"という意味です。参考訳のように「血肉化」という訳語のほうが、この文脈においてはより的確であると思われます。意味を訳出した後で、その文脈におけるより適切な訳語を吟味することが大切です。

【关键表达】

原文	参考訳
相由心生	相は心から生じる
心笔统一	心と筆の統一(とういつ)
我手写我心	手で書いたのはあくまでも心の反映(はんえい)である
气质	気質(きしつ)

【原文❷】

不仅中国人喜爱毛笔书法，韩国人和日本人同样视之为珍宝，并把它作为本国的文化传统加以传承。日本许多学校在学年开始时都会举行汉字书写比赛，韩国政府官员须擅长书法。在西方，毕加索曾郑重声明中国书法对他的作品产生了极大的影响。他表示假如自己生在中国，很可能就会做一个书法家，而不是画家。

【学生译文】

中国人に限らず、韓国人と日本人も毛筆が使われる書道が好きで、宝のように大事にしています。それに自国の伝統文化の一種として伝承に取り組んでいます。日本の多くの学校では、学年開始の時に漢字書写大会が行われます。韓国では政府役人なら能書家でなければなりません。西方において、ピカソが中国の書道作品から多大な影響を受けたと公然と言ったことがあり、もし自分が中国で生まれたら、画家ではなく、書家になる可能性が極めて高かったと彼は言いました。

【参考译文】

中国人に限らず、韓国人と日本人も毛筆を使用する書道が好きで、宝物のように大事にしています。それを自国の伝統文化の一種として伝承しています。日本の多くの学校では、学期はじめに書道大会が開かれます。韓国では、政府役人は能書家でなければなりません。西洋では、ピカソが中国の書道作品から多大な影響を受けたと公言したことがあります。彼は、もし自分が中国に生まれていたら、画家ではなく書道家になっていた可能性が高かったと言いました。

【解说】

1. 并把它作为本国的文化传统加以传承→それに自国の伝統文化の一種として伝承に取り組んでいます→それを自国の伝統文化の一種として伝承しています

「～に取り込んでいる」という表現はこの文脈ではすこし不自然です。何か

の事業などであれば問題ないです。なので、「それを自国の伝統文化の一種として伝承しています」と直しました。

2. 学年开始→学年開始の時→学期はじめに

　「学年開始の時」は直訳です。「学年」は「学期」に、「開始」は「はじめ」に、それぞれ直せば自然な日本語になります。

3. 在西方→西方において→西洋では

　「西方においては」の「西方」は、「せいほう」と「さいほう」の2通りの読み方があります。「さいほう」は仏教で言う極楽浄土のある方角のことで、文脈から考えて、ここではそう読まないことは明らかでしょう。一方「せいほう」は西の方角のことで、「東方」と対をなす概念です。原文では、中国、韓国、日本といった東アジアの国々、つまり「東洋」に対する概念として用いられているので、参考訳のように「西洋」が訳語として適切です。

4. 毕加索曾郑重声明……→ピカソが〜と公然と言ったことがあり→ピカソが〜と公言したことがあります

　学生の訳では「公然と言ったことがある」と訳されていますが、「公然」は、人前をはばかるべきことをおおっぴらにすることです。「公然という」はマイナスの意味であり、中国語にすると、"竟然公开声称"という意味に当たるので、不自然です。ピカソの述べたことは、そのような内容ではありません。訳語を選ぶとき、もう一度辞書などで確認することが大切です。

5. 很可能就会做一个书法家→書家になる可能性が高かった→書道家になっていた可能性が高かった

　すでに過去のことに対する仮定なので、文型は「もし〜たら、〜した可能性が高かった」となります。学生の訳の言い方も日本語の中にありますが、ここではそのように訳すと原文と異なってしまいます。ピカソはすでに故人ですが、彼が生前に語った言葉も、その当時において、たとえ仮定の話であってもその可能性が将来の話でなければ、参考訳のように過去形で表します。

「書家になる可能性」と訳すと、その時点において将来の可能性を指します。

【关键表达】

原文	参考訳
视之为珍宝	宝物(たからもの)のように大事にしている
毕加索	ピカソ
习惯	習(なら)わし
形式设计	形式(けいしき)のデザイン
组合方法	組(く)み合(あ)わせの方法

第二单元　中国书画

【原文❸】

　　中国书法与绘画有着密不可分的联系。由于两者在习惯、形式设计、组合方法上都有很深的渊源，所以人们日趋用同一评判标准来评价中国书法和绘画。在文人墨客的眼中，这两种艺术的结合是学识、情感及品位上的最高境界，如14世纪中叶元代画家顾安创作的《墨竹图》。

【学生译文】

　　中国の書道と絵画は深くつながっています。両者は習わし、形式のデザイン、組み合わせの方法などにおいて関係が深いため、人々が同一の基準で中国書道と絵画を評価する傾向がますます強くなっています。芸術者や文学者からみれば、この2種類の芸術の結び付きは学識、感情、並びに品位の面において最高の境地に達します。例えば、14世紀半ば、元代画家の顧安によって創作された『墨竹図』はその代表だと思われます。

【参考译文】

　　中国の書道と絵画は深くつながっています。両者は習わし、形式のデザイン、組み合わせの方法などにおいて関係が深いため、この2つの芸術は同じ基準で評価されるようになっています。芸術家や文学者に言わせれば、この2つの結び付きは学識、感情および品位の面において最高の境地に達しています。例えば、14世紀半ば、元の時代の画家、顧安によって創作された『墨竹図』は、その代表だと言われています。

【解说】

1. 所以人们日趋用同一评判标准来评价中国书法和绘画→人々が同一の基準で中国書道と絵画を評価する傾向がますます強くなっています→この2つの芸術は同じ基準で評価されるようになっています

　　学生の訳は原文の一字一句にこだわり過ぎたところがあって、簡潔さに欠けます。「評価するようになっています」というように直したほうがよいでしょう。

2. 最高境界→最高の境地に達します→最高の境地に達しています

113

「達します」では達しているのか達していないのかはわかりません。状態や継続を表すときには「〜ている」を用います。

3. 元代画家顾安创作的→元代画家の顧安によって創作された→元の時代の画家、顧安によって創作された

「元代画家」は、「現代画家」と発音が同じです。通訳の現場では誤解が生じるおそれがあります。参考訳のように「元の時代の画家」と訳すべきでしょう。

【关键表达】

原文	参考訳
学识	学識(がくしき)
情感	感情
品位	品位(ひんい)
最高境界	最高の境地(きょうち)

第二单元　中国书画

【原文❹】

　　一位 13 世纪的评论家曾对王献之的书法作品这样评述：" 好书法家往往也是好画家，好画家往往亦是好书法家，书法与绘画在本质上是相通的。" 一位宋代诗人总结道：" 绘竹如同写戏稿，应更注重随意感而非原创性。画梅如同赏马，应更注重骨架而非表象。" 的确，" 骨架 " 便是中国书法和绘画的关键所在。

【学生译文】

　　13 世紀のある評論家は王献之の書道の作品に以下のようなコメントを出したことがあります。「能書家なら、いつもいい画家でもあり、素晴らしい画家は殆どみんな能書家であります。書道と絵画は本質的に相通じています。」また、ある宋の時代の詩人は「竹を描くのは原稿を書くのと同じで、独創性より思い通りにするのは大事で、梅を画くのは馬を観賞するのと同じで、表象より骨組みをもっと重要視すべきだ」と述べたことがあります。確かに、「骨組み」は中国の書道と絵画の決め所だと言えます。

【参考译文】

　　13 世紀のある評論家は、王献之の書道作品に次のようにコメントしました。「能書家であるならば、ほとんど優れた画家であり、素晴らしい画家は殆どみんな能書家であります。書道と絵画は本質的に相通じているのです」。また、宋の時代のある詩人は、「竹を描くのは原稿を書くのと同じで、独創性よりも心のままに描くのが大事で、梅を描くのは馬を観賞するのと同じで、表象より骨組みを重要視すべきだ」と述べました。確かに、「骨組み」は中国の書道と絵画にとって肝要な点です。

【解说】

1. 好书法家往往也是好画家→能書家なら、いつもいい画家でもあり→能書家であるならば、ほとんど優れた画家であり

　　学生の訳「能書家なら、いつもいい画家でもあり」の「いつも」は、「常に」の意味で、原文の意味とは少しずれがあります。参考訳のように「ほとんど」

と訳すか、「往々にして」や「しばしば」などの訳語が一般によく使われます。

2. 応更注重随意感而非原創性→独創性より思い通りにするのは大事で→独創性よりも心のままに描くのが大事で

　このセンテンスの構造は「～のが大事だ」です。「～のは大事」ではありません。また、「随意感」は学生の訳では「思い通りにする」と訳されていますが、意味がずれているので、「心のままに」と訳したほうが原文に合っていると思います。

【关键表达】

原文	参考訳
书法作品	書道作品
好书法家	能書家
写戏稿	台本を書くこと
赏马	馬を観賞する
表象	表象(ひょうしょう)
骨架	骨組み(ほねぐみ)

第二单元　中国书画

【原文❺】

　　所以，我们必须明白一个重中之重的道理：这两种艺术是充分相互贯通的。两者都是中国历史和文化的真实展现，都用"自然世界"表达人的感受、揭示人性，都源于中国迈向文明第一步的文字发明。我们史前的祖先们一开始只懂得如何打猎，懂得生存的基本常识，那时候他们的需求少而简单。渐渐地，人们的生活安定了下来，他们用泥土制造陶器，在上面绘制设计图案，之后得到现代人的关注和欣赏。

【学生译文】

　　だから、我々は一つのもっとも大切なことを理解しなければなりません。つまり、この2種類の芸術は相互にみっしり相通じていることです。両者とも中国の歴史と文化を真に体現し、「自然の世界」を以って人の感じや思いを表現し、人間性を明らかにしているものです。両者とも中国が文明への第一歩と言われる文字の発明に源があると言われています。我々の祖先たちは最初に狩猟や生きるための基本的な常識しか分かっていなくて、その時彼らのニーズはわずかで簡単でした。徐々に、人々の生活が安定し、彼らは土で陶器を作りはじめ、さらにその表面に絵も描いていました。これは今現代人の関心を集めているもので、鑑賞されるものになっています。

【参考译文】

　　そのため、私たちは最も大切なことを理解しなければなりません。それは、この2つの芸術が互いに密接に通じているということです。両者とも中国の歴史と文化を共に体現し、「自然の世界」によって人間の思いを表現し、人間性を明らかにするものです。そして、両者とも、中国が文明への第一歩を踏み出すこととなった文字の発明に、その起源があると言われています。狩猟や生きるための基本的な知識しか持ち合わせていなかった頃、私たちの祖先のニーズは比較的単純なものでした。それから、人々の生活が徐々に安定するに従い、彼らは土で陶器を作りはじめ、さらにその表面に絵を描きました。そして、彼らの陶器は現代人の関心を集め、鑑賞されるに至っています。

【解说】

1. 所以→だから→そのため
　「だから」も「そのため」も「所以」の意味ですが、「だから」は主観的な理由を強調するニュアンスが強いので、ここでは「そのため」にしました。

2. 我们→我々→私たち
　「私たち」と「我々」は、両方ともよく使われますが、「我々」は硬い感じの言葉で、主に政治などの硬い文章で使われます。

3. 揭示人性→人間性を明らかにしているものです→人間性を明らかにするものです
　一般的な事実を述べているので、「～している」という未完成体より「～する」と終止形で表現したほうがより自然です。

4. 揭示人性，都源于……→人間性を明らかにしているものです。両者とも～→人間性を明らかにするものです。そして、両者とも、～
　原文にはないですが、「そして」という接続詞を補って訳すと、文がつながり、意味が伝わりやすくなります。

5. 都源于中国迈向文明第一步的文字发明→両者とも中国が文明への第一歩と言われる文字の発明に源があると言われています→両者とも、中国が文明への第一歩を踏み出すこととなった文字の発明に、その起源があると言われています
　学生の訳には「～と言われる」という表現が2回も出てきます。重複はさけ、違う表現にしたほうがすっきりすると思います。また、"源于……文字发明"という内容が最も重要な内容なので、真ん中でセンテンスを区切ることによって、より文の構造を浮き彫りにすることができます。参考訳のように訳せば、学生の訳より意味が取りやすくなるのではないでしょうか。

6. 我们史前的祖先们一开始……渐渐地……之后……

この部分は書道と絵画が時間とともに、少しずつ人々の生活の中に浸透していく過程を紹介するものです。「基本的な知識しか持ち合わせていなかった頃」、「それから」、「さらに」、「そして、～至っています」というように直せば、そのプロセスの変化がはっきりします。学生の訳は、原文の語順のままに訳しています。逐次通訳では、重複する情報をまとめ、参考訳のように、原文の語順にしばられずに訳出するよう心がけましょう。

【关键表达】

原文	参考訳
充分相互贯通	互いに密接に通じている
揭示人性	人間性を明らかにする
文字发明	文字の発明
（需求）少而简单	（ニーズは）比較的単純

第七讲

演讲者：傅　勇

【原文❶】
　　经过世世代代中国人的传承，如今中国绘画艺术主要分为两个风格流派：用笔工整细致的工笔手法和更具意象风格的写意手法。两者有一个共同的精髓，内"神"引领外"形"，其根源是中国人的儒家思想和道家思想。"道"的一个理念认为，自然之和谐将永存。尤其是道教，它宣扬通过与道的联通揭示本真的人性。大多数中国绘画作品都体现了同一个主题——人、自然、灵魂与万物合为一体。

【学生译文】
　　中国人によって代々伝えられてきた中国の絵画芸術は、今主に2つの流派に分けられています。用筆法が細密的かつ入念で、整然した工筆と、微細な描写を省きもっと情趣の発露に任せた写意の2種類です。内の「神」から外の「形」を生み出すのは両者共通の奥義で、その根源は中国の儒家思想と道家思想にあります。「道」のある理念としては、自然の調和が永遠なるものだ思われています。だから、道教は「道」との融通を通じて真の人間性を明らかにするということを主張しています。ほとんどの中国絵画作品は同じテーマを表しています。つまり人、自然、魂と万物が一体のものであるのです。

第二単元　中国书画

【参考訳文】
　中国人によって代々伝えられてきた中国の絵画芸術は、現在、主に２つの流派に分けられています。筆遣いが細密かつ入念で、整然とした画法と、詳細な描写を省き、趣くままに描く画法の２種類です。内の「神」から外の「形」を生み出すのは両者共通の奥義で、その根源は中国の儒教思想と道家思想にあります。「道」という理念は、自然の調和が永遠なるものだと考えているのです。したがって、道教は「道」とのつながりを通して、真の人間性を明らかにするということを掲げています。ほとんどの中国の絵画作品は同じテーマを表しています。それは、人、自然、魂、万物が一体のものであるということです。

【解説】
1. 更具意象风格的写意手法→情趣の発露に任せた写意→趣くままに描く画法

　「写意」は直訳で、わかりづらいです。耳で聞き取る場合は、「謝意」なのか、それとも「シャイ」なのか、誤解を招く場合があるので、「趣くままに描く画法」と直しました。

2. 通过与道的联通→道教は「道」との融通を通じて→道教は「道」とのつながりを通して

　現代の日本語では、「融通」は「その場に即した適切な対応」の意で「融通がきかない」や「融通無碍」などのように使うか、または、必要な相手にお金などを工面してあげる場合に使うことが多いです。学生の訳では「道教は『道』との融通」となっていますが、「〜とのつながり」と表現したほうが原文により合っていると思います。

3. 用笔→用笔法→筆遣い／工笔→工笔→画法

　上の解説1と同様に、聞いてわかる言葉にしましょう。

4. 中国绘画作品→中国絵画作品→中国の絵画作品

「中国絵画作品」は、語の結びつきが強くなく、一語とみなせるまでには至っていません。よって「中国の絵画作品」のように間に「の」を入れたほうが日本語として安定します。

【关键表达】

原文	参考訳
精髓	奥義（おうぎ）
与道的联通	「道」とのつながり

【原文❷】

基于这个观点，我们可以发现中国绘画是极具象征性的，象征主义是绘画的主题。比如，当我们谈到松和柏，自然会联想到它们坚韧不屈、高尚的品格。正如孔子曰："岁寒，然后知松柏之后凋也。"在文学中，赞美田园生活、淡泊宁静的隐士的文字随处可见，不论是诗作或是书信里，都能找到。

【学生译文】

この観点から見ると、中国の絵画は余程象徴的なもので、シンボリズムが絵画の主題だと言えます。例えば、松や柏のイメージとしては、その不屈の精神、と崇高な品格を自然に連想します。子曰く「歳寒、然後知松柏之後凋也」。文学の中で、書簡であれ、詩作であれ、至る所に田園生活、淡泊で静かな人生態度に対する賛美を表す隠者の文字が溢れています。

岁寒，然后之松柏之后凋也

訓読：歳寒くして、然る後に松柏の凋むに後るるを知る。

現代語訳：寒い冬にこそ、他の植物がしおれても、松や柏（このてがしわ）は緑を保っていることがわかる。人の真価は艱難（かんなん）にあって初めて知られるたとえ。（小学館『デジタル大辞泉』）

【参考译文】

こうして考えると、中国の絵画は象徴的であり、シンボリズムが絵画の主題だと言えます。例えば、松や柏は、その不屈の精神と崇高な品格を、私たちに自然と連想させます。孔子曰く、「歳寒、然後知松柏之後凋也」。文学の中には、書簡でも、詩作でも、至る所で田園での生活や淡泊で静かな人生を送る隠遁者を賛美する文字が溢れています岁寒，然后之松柏之后凋也

訓読：歳寒くして、然る後に松柏の凋むに後るるを知る。

現代語訳：寒い冬にこそ、他の植物がしおれても、松や柏（このてがしわ）は緑を保っていることがわかる。人の真価は艱難（かんなん）にあって初めて知られるたとえ。（小学館『デジタル大辞泉』）

【解说】

1. 我们可以发现中国绘画是极具象征性的→中国の絵画は余程象徴的なもので→中国の絵画は象徴的であり

　"极具"は訳さなくてもよいでしょう。中国語の原文の少し大げさな表現は訳文に反映しないほうが自然な場合が多いです。

2. 在文学中，赞美田园生活，淡泊宁静的隐士文字随处可见，不论是诗作或是书信里，都能找到→文学の中で、書簡であれ、詩作であれ、至る所に田園生活、淡泊で静かな人生態度に対する賛美を表す隠者の文字が溢れています→文学の中には、書簡でも、詩作でも、至る所で田園での生活や淡泊で静かな人生を送る隠遁者を賛美する文字が溢れています

　この文は長くて、処理しにくいです。全体的な枠組みを聞き分けるのが鍵です。まず骨組みとしてとらえるべき情報は「文学の中には～文字が溢れています」という部分です。それから、「文字」の前に連体修飾の部分を付け加えていきます。それは「田園での生活や淡泊で静かな人生を送る隠遁者を賛美する」というものです。最後に、「書簡でも、詩作でも、至る所で」というアクセサリーの部分を補っていけば、情報を漏らすことなく伝えることができるでしょう。学生の訳には大きな間違いは見られませんが、助詞の使い方が不自然だったりします。

　学生の訳では「至る所に田園生活、淡泊で静かな人生態度に対する賛美を表す隠者の文字が溢れています」となっていますが、"赞美"の目的語がどこまでかによって訳が異なってきます。参考訳では「至る所で田園での生活や淡泊で静かな人生を送る隠遁者を賛美する文字が溢れています」と訳しました。

【关键表达】

原文	参考译
象征性	シンボリック、象徴的

原文	参考訳
象徴主义	シンボリズム
坚韧不屈	不屈(ふくつ)の精神
高尚的品格	崇高(すうこう)な品格
远离尘世	俗世間(ぞくせ)から離れる
清高孤远	清(きよ)らかな暮らしを営(いとな)む
田园生活	田園(でんえん)での生活
淡泊宁静	淡泊(たんぱく)で静かだ
隐士	隠遁者(いんとん)

【原文❸】

　　诗人陶潜（365—427）曾在《归去来兮辞》中写道："景翳翳以将入，抚孤松而盘桓。"繁茂的松树下有一位老者，这场景正象征着隐居的生活。如果人们赞颂松是因其伟大，那么赞颂梅就是因其浪漫，赞颂竹是源于它精巧的线条和对故乡的象征，赞颂柳是源于其优雅，及对柔弱女子的象征。如果你置身于一座果园，身边布满了桃树、花朵和柳树，却没有松树，就好像是有孩子和女子陪伴着你，却没有隐士或老者。这就是中国绘画艺术的象征特点。

【学生译文】

　　詩人の陶潜（365～427）は「帰去来兮辞」の中で、「景翳翳以将入、撫孤松而盤桓（景は翳翳として以て将に入らんとし、孤松を撫でて盤桓とす）」という詩句を書いています。茂る一本松の下に老人がいる。このシーンはまさに隠居生活の象徴だと思われます。もし松はその偉大さが讃頌されれば、梅はそのロマンチックな気質で、竹は、その精巧なラインと故郷の象徴、柳なら、その優雅さ、そしてか弱い女子の象徴として讃えられます。たとえとして、あなたは今ある果樹園にいて、身の回りに桃の木、花や柳が立ってますが、松がなければ、子供と女子が付き添っているが、隠者や老者がいないような感覚です。これは中国の絵画芸術に象徴性があるという特徴です。

　「景翳翳以将入、撫孤松而盤桓」（http://kanshi.roudokus.com/kikyorai.html 「漢詩の朗読」）
　　現代語訳：あたりがほの暗くなって、もう日が暮れようとしている。庭に一本立った松を撫でたりしながら、私はうろついている。

【参考译文】

　　詩人の陶潜（365～427）は「帰去来兮辞」の中で、「景翳翳以将入、撫孤松而盤桓（景は翳翳として以て将に入らんとし、孤松を撫でて盤桓とす）」という詩句を書いています。茂る一本松の下で老人が佇むというこの場景は、まさに隠居生活の象徴です。松はその偉大さを、梅はそのロマンチッ

クな気質を讃えられ、そして竹はその精巧なラインから故郷の象徴として、柳はその優雅さから、か弱い女の子の象徴として讃えられています。もし、今果樹園にいて、まわりに桃の木や柳の木があり、松がなければ、それは子供と女の子があなたに付き添っていて、隠遁者や老人がいないというような感覚です。これは中国の絵画芸術に象徴性があるということです。

「景翳翳以將入、撫孤松而盤桓」（http://kanshi.roudokus.com/kikyorai.html「漢詩の朗読」）
　現代語訳：あたりがほの暗くなって、もう日が暮れようとしている。庭に一本立った松を撫でたりしながら、私はうろついている。

【解説】

1. 繁茂的松树下有一位老者→茂る一本松の下に老人がいる→茂る一本松の下で老人が佇む

　参考訳のように「茂る一本松の下で老人が佇む」と表現したほうがその場面の雰囲気を伝えられます。文学的な場面では、それらしき表現を使わないと、単調に聞こえたりします。語彙力がどれだけあるのかは通訳能力を判断するうえで重要な物差しとなっています。普段からいろいろな表現を積極的にピックアップしましょう。日本語の類義語辞典の活用をお勧めします。

2. 如果人们赞颂松是因其伟大，那么赞颂梅就是因其浪漫→もし松はその偉大さが讃頌されれば、梅はそのロマンチックな気質で→松はその偉大さを、梅はそのロマンチックな気質を讃えられ

　学生の訳では、原文にある"赞颂"がそのまま使われていますが、通訳では聞いてわかる平易な言葉に言い換えましょう。

3. 赞颂柳是源于其优雅，及对柔弱女子的象征→柳なら、その優雅さ、そしてか弱い女子の象徴として讃えられます→柳はその優雅さから、か弱い女の子の象徴として讃えられています

　参考訳の"优雅"と"柔弱女子"を結び付けた部分は、文化のコミュニ

ケーターとしての訳者の存在感をチラッと見せたところでもあり、参考にしましょう。学生の訳のように、忠実に原文の文字を訳しては、最善の訳とは言えないでしょう。原文の意味を無限に追い求め、しかも最大限にそれを読者に伝えていくのが訳者の仕事の流儀だと言えます。

4. 如果你置身于一座果园，身边布满了桃树、花朵和柳树→たとえとして、あなたは今ある果樹園にいて、身の回りに桃の木、花や柳が立ってます→もし、今果樹園にいて、まわりに桃の木や柳の木があり

　学生の訳の「身の回り」は"身边"の訳語として使われていますが、ここでは単に「まわりに」でよいでしょう。「身の回り」は「身の回りの品」、「身の回りの世話をする」など、日常生活に必要なものごとに使われます。

5. 隐士→隠者→隠遁者
　通訳では聞いてわかる、よく使われる言葉にしましょう。

【关键表达】

原文	参考訳
赞颂	讃える
伟大	偉大
浪漫	ロマンチック
线条	ライン
精巧	精巧
优雅	優雅(ゆうが)
柔弱女子	弱い女の子
老者	老人

第二单元　中国书画

【原文❹】

或许大家都会发现中国绘画作品上都有题字，那么是谁题的字呢？是作者本人，还是另有他人呢？如果是其他人，那么是谁？那些字表达了些什么呢？为什么有些画作上有很多题字，有些却很少甚至没有？难道是作者有意留下空白？如果我们能将中国绘画与书法艺术视作一对姐妹，那么这些问题便迎刃而解了。如果一幅画作没有完整传达出作者的感受，他便会题上一首诗，或是几句注解。

【学生译文】

もしかして、みなさんがすでに気づいたかもしれませんが、中国絵画作品は殆ど題字が付いています。だれが書いたのでしょうか？作者本人？または他人ですか？もし他に人がいるなら、誰でしょうか？その題字はどんなもの表現しているのでしょうか。どうして一部の絵にはたくさんの題字があるのに対して、わずかの、或はまったくない絵画もあるのでしょうか？まさか作者がわざと空白を残したのでしょうか？もし我々が中国の絵画と書道を姉妹と見なすならば、すべての問題が解けます。もし絵画自身が作者の気持ちを十分伝えきれていない場合、空白のところでよく詩、或は少々注釈を付けます。

【参考译文】

皆さんはすでにお気づきかもしれませんが、中国の絵画作品のほとんどには題字が付いています。これは、だれが書いたものでしょうか。作者本人でしょうか、または別の人でしょうか。もし別の人であるならば、誰でしょうか。その題字はどんなものを表現しているのでしょうか。どうして一部の絵にはたくさんの題字があるのに、題字の少ない絵画や、題字のまったくない絵画もあるのでしょうか。ひょっとすると、作者がわざと書かなかったのでしょうか。もし私たちが中国の絵画と書道を姉妹と見なすならば、すべての問題が解けます。もし絵画自体が作者の気持ちを十分に伝えきれていない場合、空いた所によく詩や注釈を付けるのです。

【解説】

1. 或许大家都会发现中国绘画作品上都有题字→もしかして、みなさんがすでに気づいたかもしれませんが→皆さんはすでにお気づきかもしれませんが

   この文はいわゆる前置きのようなもので、一対一で訳さないほうがいいでしょう。"或许"はここでは婉曲的な言い方であり、「もしかして」と訳さず、「皆さんはすでにお気づきかもしれませんが」と処理したほうが日本人の言語行動に合っていると思います。"发现"は聞き手の行為なので、ここでは「お気づき」というように敬語を使って不特定多数の方に敬意を表す必要があります。

2. 是作者本人，还是另有他人呢？如果是其他人，那么是谁？→作者本人？または他人ですか？もし他に人がいるなら、誰でしょうか？→作者本人でしょうか、または別の人でしょうか。もし別の人であるならば、誰でしょうか

   学生の訳はあまり聞き手を意識していない訳と言えましょう。現場の雰囲気を汲み取って、もう少しその雰囲気を引き立てるような訳を目指す努力をしたほうが、スキルに一段と磨きをかけられると思います。なので「作者本人でしょうか、または別の人でしょうか。もし別の人であるならば、誰でしょうか」と訳しましょう。もし、聞き手と親しい間柄ならば、学生の訳のように訳しても通用しないことはないのですが、社会人向けの公開講座なので、丁寧な言葉遣いを心がけましょう。

3. 难道是作者有意留下空白？→まさか作者がわざと空白を残したのでしょうか？→ひょっとすると、作者がわざと書かなかったのでしょうか

   学生の訳では「まさか作者がわざと空白を残したのでしょうか？」と訳されていますが、「まさか」は意表を突かれたという意味合いなので、公開講座のようなフォーマル場面で用いると、唐突な感じが避けられません。もちろん、聞き手の興味を引きつけるための話術だと考えることもできますが、恐らく学生の訳は"难道是"という言葉を直訳しただけで、そこまで深く考えて訳した

とは思えません。

4. 如果一幅画作没有完整传达出作者的感受，他便会题上一首诗，或是几句注解→もし絵画自身が作者の気持ちを十分伝えきれていない場合、空白のところでよく詩、或は少々注釈を付けます→もし絵画自体が作者の気持ちを十分に伝えきれていない場合、空いた所によく詩や注釈を付けるのです

　この文は前の文に対する解釈なので、文末にそのニュアンスを表す「のだ」をつけて表現したほうがより落ち着くでしょう。

【关键表达】

原文	参考訳
题字	題字（だいじ）
姐妹	姉妹（しまい）
注解	注釈（ちゅうしゃく）

【原文❺】

　　有时，某一首诗或几句注解就是画作的主题。再加上作者本人的印章，就是中国绘画作品的完整形式。从古代中国起，人们便认为中国书法与绘画彼此息息相关。一位9世纪的中国艺术史学家曾认为，中国绘画艺术和书法艺术同体不同名。

【学生译文】

　　時には、その詩や注釈こそが絵画の主題です。画家本人の印鑑も加えれば、まとまった作品となります。所謂中国絵画作品の完全な形式です。古くから、中国では書道と絵画がお互いに緊密に関わっていると思われています。9世紀のある中国芸術史専門家は、中国の絵画芸術と書道芸術が同体で異名であると語ったことがあります。

【参考译文】

　　時には、その詩や注釈こそが絵画の主題にもなるのです。加えて、画家本人の印鑑があれば、よりまとまった作品となります。すわなち、中国の絵画作品の完全な形式です。古くから、中国では書道と絵画がお互いに緊密に関わっていると考えられてきました。9世紀のある中国芸術史の専門家は、中国の絵画芸術と書道芸術は同じであり名前が異なっていただけであると語ったことがあります。

【解说】

1. 从古代中国起，人们便认为中国书法与绘画彼此息息相关→古くから、中国では書道と絵画がお互いに緊密に関わっていると思われています→古くから、中国では書道と絵画がお互いに緊密に関わっていると考えられてきました

　　学生の訳のように「～と思われています」を使っても間違いではありません。ただし、「～と思われています」は現在そのような状態にあることを表しているのに対し、参考訳の「～と考えられてきました」はその変化の経過を述べるニュアンスが強いです。また、実際は最初からそのような関わりを持っている

とは考えられないので、やはり変化を表す「〜と考えられてきました」と表現したほうがより適切だと言えます。

2. 中国绘画艺术和书法艺术同体不同名→中国の絵画芸術と書道芸術が同体で異名である→中国の絵画芸術と書道芸術は同じであり名前が異なっていただけである

　学生の訳は直訳に近いです。聞き手にとって非常にわかりにくいでしょう。"同体不同名"、つまり技法、スタイルが同じだという意味ですから、原文そのままに「同体で異名である」と訳さずに、参考訳のように「中国の絵画芸術と書道芸術は同じであり名前が異なっていただけである」と説明してあげたほうがわかりやすいです。

【关键表达】

原文	参考訳
印章	印鑑
彼此息息相关	お互いに緊密に関わっている

第八讲

演讲者：傅　勇

【原文❶】
　　书法作品一般需要留白，空出画面的靠上部分。在绘画作品中，空白仅仅就是空白，它是为了之后在上面题诗或题词。我们可以看到，题诗或题词在画面上所占的比例就是作者留给作品题目的比例，有时会占画面很大的空间。虽然画者很少会为题字而留下空白，但他们好像总能感知到哪里会题字，并且能最终将画作完成得很好。

【学生译文】
　　書道作品は大体「留白」、所謂「空白を残す」のが一般的に必要で、画面の上の部分を空けるということです。絵画作品の中では、空白はただの空白で、それは後の題詩や題詞のために残されたのです。題詩や題詞が紙面で占める割合は作者が作品のテーマに残した割合だと分かります。大きなスペースを占める作品も見かけます。題字のためにわざと空白を残すことは実はめったにないですが、画家はいつもまるで事前にどこかで題字がくるのかが分かっていたように、最終的にはちゃんとまとまった作品を作り出します。

第二单元　中国书画

【参考译文】

　　書道作品は「留白」、所謂「空白を残す」のが一般的に必要とされ、書の上の部分を空けることになっています。絵画作品の中では、空白はただの空白で、それは後で詩や詞を添えるために残されたスペースです。詩や詞が紙面で占める割合は、作者が作品のテーマのために残したものです。大きなスペースを取っている作品も見かけます。題字のためにわざわざ空白を残すことはめったにありませんが、画家たちはいつも、まるで事前にどこに題字を記すか分かっていたかのように、最終的にはきちんとまとまった作品を作り出します。

【解説】

1. 书法作品一般需要留白，空出画面的靠上部分→書道作品は大体「留白」、所謂「空白を残す」のが一般的に必要で、画面の上の部分を空けるということです→書道作品は「留白」、所謂「空白を残す」のが一般的に必要とされ、書の上の部分を空けることになっています

　　この部分は書道をする時のルールを紹介したものです。なので、参考訳では「～必要とされ」、「～ことになっている」という表現を使いました。また、"空出画面的靠上部分"は、学生の訳では「画面の上の部分を空ける」となっていますが、この部分だけを見れば、この訳は間違いではありません。しかし、一般に「画面」というと、テレビ画面やパソコン画面を思い浮かべます。ここでは、文脈から明らかなように「書道作品」を指します。原文の言葉をそのまま使うのではなく、文脈に沿って、よりふさわしい訳語を考えましょう。

2. 但他们好像总能感知到哪里会题字→画家はいつもまるで事前にどこかで題字がくるのかが分かっていたように→画家たちはいつも、まるで事前にどこに題字を記すか分かっていたかのように

　　過去のことに対する推測なので、「～したかのように」を使いましょう。通訳する際に、集中力を最後まで保てず、時制を間違えたりするケースが多々あります。過去のことなのか、それとも進行中のことなのか、あるいはこれからのことなのか、正確に訳さないと誤解をまねいてしまいます。

【关键表达】

原文	参考訳
留白	空白(くうはく)を残す
空出	空(あ)ける
比例	割合(わりあい)
空间	スペース
作品题目	作品のテーマ

【原文❷】

题诗或题画并不是留一个角落就可以的，在郑燮画兰、竹、菌类和石的作品中，我们可以感受到画面十分和谐，这是因为作者在画和字上使用了同样的笔触和墨，相同的技巧，以及同样流畅的节奏。

【学生译文】

詩や字などを記すため、片隅を残すだけでいいというわけではないです。鄭燮の蘭、竹、茸と石の作品の中で、我々は画面が非常に調和していると感じられるが、それは画家が絵と文字に同様の筆と墨、同じ手法、さらに同じ流暢なリズムを用いたからだと思います。

【参考译文】

詩や字などを記すため、片隅を残せばいいというわけではないのです。鄭燮の蘭や竹、茸、石といった作品は、画面が非常に調和していると感じられますが、それは画家が文字に絵と同様の筆や墨、手法、さらには流暢なリズムを用いたからです。

【解说】

1. 题诗或题画并不是留一个角落就可以的→詩や字などを記すため、片隅を残すだけでいいというわけではないです→詩や字などを記すため、片隅を残せばいいというわけではないのです

   学生の訳では「片隅を残すだけでいいというわけではないです」となっていますが、この訳文には言外の意味が含まれているため、あまりいい訳とは言えません。「片隅を残せばいいというわけではないのです」と訳すと、後ろの「文字に絵と同様の筆や墨、手法、さらには流暢なリズムを用いて書く」との間のバランスが取れるようになります。

2. 兰、竹、菌类和石的作品→蘭、竹、茸と石の作品→蘭や竹、茸、石といった作品

   並列の表し方は、一般に「AやB、C、…」という形を使います。鄭燮の

代表的なものを挙げている部分なので、「～といった」を使ったほうがより原文に合っているでしょう。

3. 同样的笔触和墨，相同的技巧，以及同样流畅的节奏→同様の筆と墨、同じ手法、さらに同じ流暢なリズム→同様の筆や墨、手法、さらには流暢なリズム

　強調する場合を除いて、一般に重複はなるべく避け、一つにまとめると、訳文がすっきりします。

【关键表达】

原文	参考訳
角落	片隅(かたすみ)
菌类	茸(きのこ)
画面十分和谐	画面(がめん)が非常に調和(ちょうわ)している
流畅的节奏	流暢(りゅうちょう)なリズム

第二单元　中国书画

【原文❸】
　　最简单的题字通常是作者的名字，还有他个人的印章。此外，还可以像在作品《观瀑布》中那样加上日期，或者是你所画之人的名字，以及作画时的意境或是选择的风格。除此之外，题字要能让人深刻理解哲学领域、艺术历史和艺术评论，并且相比其他途径，能让看画人了解更多画者的个人生活，画者与朋友、赞助人的关系。那么这样的题字就能将一幅传统的作品变为一份详细的个人资料。

【学生译文】
　　一番簡単な題字は常に作者の名前と落款印です。そのほか、『観瀑布』（滝を観る）という作品のように、日付を加えるなど、または絵の中の人の名前、創作の時の情緒や作品の画風などもあります。それのみならず、題字は人が哲学の分野、芸術の歴史や芸術評論への理解の深化につながるものでなければなりません。題字を通して、画家の個人生活、画家と友人、スポンサーとの関係などをもっと知ることは大事です。そうすれば、題字によって一枚の伝統的な作品が詳細な個人資料に変えられます。

【参考译文】
　　最も簡潔な題字は作者の名前と落款印を押したものです。『観瀑布』という作品のように、日付や絵画の中の人物の名前、創作時の情緒や作品の画風などを記す場合もあります。加えて、題字は哲学、芸術の歴史や芸術評論への理解を深めるものでなければなりません。題字を通して、画家個人の生活や交友関係、支援者との関係などをより深く知ることもできます。このような題字とは、絵画という伝統作品に詳細な個人情報を書き込むことに他ならないのです。

【解说】
1. 最简单的题字通常是作者的名字，还有他个人的印章→一番簡単な題字は常に作者の名前と落款印です→最も簡潔な題字は作者の名前と

落款印を押したものです

　　この文では、"简单"を「簡単」と訳すと、手を抜いているというイメージを免れないので、「簡潔」と訳したほうがいいでしょう。

2. 像在作品《观瀑布》中那样加上日期，或者是你所画之人的名字，以及作画时的意境或是选择的风格→『観瀑布』（滝を観る）という作品のように、日付を加えるなど、または絵の中の人の名前、創作の時の情緒や作品の画風などもあります→『観瀑布』という作品のように、日付や絵画の中の人物の名前、創作時の情緒や作品の画風などを記す場合もあります

　　このセンテンスの構造はわかりやすいにもかかわらず、学生の訳はきちんと処理できていません。"加上"の後ろには四つの目的語があり、それぞれ日付、絵画の中の人物の名前、創作時の情緒、作品の画風となっています。なので「『観瀑布』という作品のように、日付や絵画の中の人物の名前、創作時の情緒や作品の画風などを記す場合もあります」と訳しましょう。

3. 除此之外→それのみならず→加えて

　　「それのみならず」という訳もありますが、この文脈では少し硬いと思います。「加えて」「そのほかに」のほうがよいでしょう。

4. 题字要能让人深刻理解哲学领域，艺术历史和艺术评论→題字は人が哲学の分野、芸術の歴史や芸術評論への理解の深化につながるものでなければなりません→題字は哲学、芸術の歴史や芸術評論への理解を深めるものでなければなりません

　　「〜の深化につながる」は耳で聞いた場合、「進化」などと誤解を招きやすいので、聞いてすぐ判断できる「理解を深める」としたほうがよいでしょう。また、「題字は人が哲学の分野〜」の「人が」は、通常省略します。不特定多数の人々を指す場合、一般化された主語は、日本語では省略することが多いです。

5. 那么这样的题字就能将一幅传统的作品变为一份详细的个人资料→そうすれば、題字によって一枚の伝統的な作品が詳細な個人資料に変えられます→このような題字とは、絵画という伝統作品に詳細な個人情報を書き込むことに他ならないのです

　「そうすれば、題字によって一枚の伝統的な作品が詳細な個人資料に変えられます」という学生の訳は原文の直訳です。講演者が言いたかったことは、個人資料に変えられるという字面の意味ではなく、題字を加えることによって、ただの作品ではなくなるということです。原文に内在する意味を汲み取り、訳出するように心がけましょう。

【关键表达】

原文	参考訳
同样	同様
笔触和墨	筆や墨
印章	落款印（らっかん）
日期	日付（ひづけ）
哲学	哲学
艺术评论	芸術評論
赞助人	支援者（しえんしゃ）
详细	詳細（しょうさい）

【原文❹】

　　现在，我们来欣赏几幅中国艺术史上的绘画作品。郑板桥作为"扬州八怪"的代表人物，以画竹著称。他的传统画作因竹、石、兰而出名，他画的兰全年盛开，他画的竹四季常青，他画的石亘古不移。这些都源于郑板桥坚强不屈的品性。他作品的构图通常比较简单：几株竹子，一块石头，两三株兰花；但他的画又十分精美：油墨着色明暗多变，竹和兰线条简单却栩栩如生。

【学生译文】

　　さて、中国芸術史上の絵画作品をいくつか見てみましょう。鄭板橋は「揚州八怪」の代表人物で、墨竹画で知られています。彼の絵画作品で竹、石、蘭の画が特に名高くて、描いた蘭は通年満開で、描いた竹は四季常青で、描いた石は千古不易だと言われます。これらは全部鄭板橋の剛毅な気質と関係があるのは間違いないです。彼の作品の構図は殆ど簡単で、普通は数株の竹、一個の石、と二、三本の蘭だけです。しかしながら、絵がとても精巧で美しいです。筆墨の濃淡が変化に富んでおり、竹や蘭の線が質素だが、生き生きとしています。

【参考译文】

　　さて、中国芸術史における絵画作品をいくつか見てみましょう。鄭板橋は「揚州八怪」の代表的な人物で、墨竹画で知られています。彼の絵画作品は、竹、石、蘭の画が特に有名です。彼の描いた蘭は一年中咲き乱れ、彼の描いた竹は一年中青々としており、また彼の描いた石は千古不易だと言われます。これらはすべて、鄭板橋の剛毅な気質から来ています。彼の作品の構図はほとんどがシンプルで、基本的に数株の竹、一つの石と二、三本の蘭だけです。しかしながら、絵はとても精巧で美しく、筆墨の濃淡が変化に富んでおり、竹や蘭の線が質素でありつつも生き生きとしています。

第二単元　中国书画

【解说】

1. 他画的兰全年盛开，他画的竹四季常青→描いた蘭は通年満開で、描いた竹は四季常青で→彼の描いた蘭は一年中咲き乱れ、彼の描いた竹は一年中青々としており

　「通年満開」にしても「四季常青」にしても漢語的な表現で、耳で聞き取る場合は多少困難を来たします。なので、「一年中咲き乱れ」や「一年中青々としており」というような和語的な表現に直しました。

2. 这些都源于郑板桥坚强不屈的品性→これらは全部鄭板橋の剛毅な気質と関係があるのは間違いないです→これらはすべて、鄭板橋の剛毅な気質から来ています

　訳者が自分の理解で原文にない内容を入れたので、必要以上に訳者の解釈の権利を振るった一例と言えましょう。「～のは間違いないです」の部分をカットして、「～から来ています」と補うとよいでしょう。

3. 他作品的构图通常比较简单→彼の作品の構図は殆ど簡単で→彼の作品の構図はほとんどがシンプルで

　前者の訳では、「殆ど」が何を修飾するのか、はっきりしません。ここでは「ほとんどの作品の構図」がシンプルであることを言っています。なので、後者のように訳すとよいでしょう。また、「殆ど」は常用漢字外なので、通常は「ほとんど」と表記します。

4. 但他的画又十分精美：油墨着色明暗多变，竹和兰线条简单，却栩栩如生→しかしながら、絵がとても精巧で美しいです。筆墨の濃淡が変化に富んでおり、竹や蘭の線が質素だが、生き生きとしています→しかしながら、絵はとても精巧で美しく、筆墨の濃淡が変化に富んでおり、竹や蘭の線が質素でありつつも生き生きとしています。

　原文の"画"と"油墨"および"竹和兰线条"との間には、全体と部分の関係があります。なので、日本語では「絵は～、筆墨が～、竹や蘭の線が～」と表現したほうが全体と部分の関係がはっきり出ると思います。

143

【关键表达】

原文	参考訳
四季常青	一年中青々としている
亘古不移	千古不易(せんこふえき)
坚强不屈	剛毅(ごうき)
精美	精巧で美しい
栩栩如生	生き生きとしている
笔触和墨	筆や墨、手法
油墨着色明暗多变	筆墨(ひつぼく)の濃淡が変化に富む
线条简单	線が質素(しっそ)である

【原文❺】

　　张择端创作的《清明上河图》，因其高超的绘画技巧以及对市井生活中形形色色人物细致入微的刻画，被视作中国艺术史上最有价值的作品之一。这幅画描述的是北宋都城开封的城市环境和部分城郊景象。每当我看到这幅古画，总能唤起我一种对卓著的艺术作品真实的感受。好比我们听到舒曼或是柴可夫斯基这样伟大音乐家的作品时，总能感受到这些技艺高超的作品是出于具有卓著创作能力的作曲家之手。欣赏画作亦是如此，就好像我们听音乐时的感觉，我能感觉到这幅画和音乐有一样的效果，它仿佛在传达一个声音。这声音描述了北宋都城的民俗民生和社会环境，当地生活的全貌也紧随其后地映入眼帘。

【学生译文】

　　張択端の名作である『清明上河図』は、その見事な絵画技法と当時都市生活を過ごしていた様々な人物像についての入念な描写で知られており、中国芸術史上最も価値のある作品の一つだと讃えられています。この絵巻は当時北宋都の開封の都市部と一部の郊外の様子を描いたものです。それを見るたびに、一種の素晴らしい芸術作品に対する実感、或は感心する気持ちが沸き上がります。例えば、シューマンやチャイコフスキーのような偉大な音楽家の作品を聞くとき、さすが優れた才能のある作曲家であるからこそこういうような素晴らしい作品が生まれたという気持ちがよく出てきます。絵画を鑑賞するのも同じで、とくにこの絵巻が音楽のようにある音を伝えてきているみたいで、その音が北宋の都の庶民生活と社会環境を示しています。さらに、現地生活の全貌もその後すぐ目の前に現れます。

【参考译文】

　　また、張択端の名作である『清明上河図』は、その見事な絵画技法と当時都市生活を過ごしていた様々な人物像を入念な描写で描いており、中国芸術史上、もっとも価値のある作品の一つだと讃えられています。この絵巻は、当時の北宋の都、開封の都市部と郊外の様子を描

いたものです。この作品を見るたびに、素晴らしい芸術作品に対する感銘の気持ちが湧き起こります。例えば、シューマンやチャイコフスキーのような偉大な音楽家の作品を聞くときには、優れた才能のある作曲家だからこそ、このような素晴らしい作品を生み出せたのだという気持ちになります。絵画を鑑賞するのもこれと同じで、特にこの絵巻は音楽のように、北宋の都の庶民生活や当時の社会環境音として聞こえて来るかのようです。また、同時の生活のあり様が目の前に展開されていきます。

【解说】

1. 张择端创作的《清明上河图》→張択端の名作である『清明上河図』は→また、張択端の名作である『清明上河図』は

　前の例と異なる内容を次に説明する場合には、つなぎの言葉が必要となります。ここでは、「また」や「それから」などを入れたほうがよいでしょう。

2. 北宋都城开封→北宋都の開封→北宋の都、開封

　中国特有の言葉なので、解釈を入れながら、もう少し親切に訳したほうが聞き手にとってより理解しやすくなると思います。参考訳のように「北宋の都、開封」と訳すとよいでしょう。

3. 一种对卓著的艺术作品真实的感受→一種の素晴らしい芸術作品に対する~→素晴らしい芸術作品に対する~

　原文にある"一种"は省略可能で、通常省略して訳すことが多いです。

4. 它总能唤起我一种对卓著的艺术作品真实的感受→一種の素晴らしい芸術作品に対する実感、或は感心する気持ちが沸き上がります→素晴らしい芸術作品に対する感銘の気持ちが湧き起こります

　講演者は"真实的感受"と言いましたが、ここでは「実感」や「本当の気持ち」といった訳ではなく、前後の文脈から「感銘の気持ち」ある

第二単元　中国书画

いは「感動的な気持ち」であると読み取ることができます。なので、参考訳のように「この作品を見るたびに、素晴らしい芸術作品に対する感銘の気持ちが湧き起こります」と訳すとよいでしょう。

5. 它仿佛在传达一个声音。这声音描述了北宋都城的民俗民生和社会环境，当地生活的全貌也紧随其后地映入眼帘→この絵巻が音楽のようにある音を伝えてきているみたいで、その音が北宋の都の庶民生活と社会環境を示しています。さらに、現地生活の全貌もその後すぐ目の前に現れます→この絵巻は音楽のように、北宋の都の庶民生活や当時の社会環境音として聞こえて来るかのようです。また、同時の生活のあり様が目の前に展開されていきます

この部分の学生の訳は直訳に近いもので、メッセージをきちんと整理していないような訳となってしまいました。学生の訳より、「この絵巻は音楽のように、北宋の都の庶民生活や当時の社会環境は音として聞こえて来るかのようです。また、同時の生活のあり様が目の前に展開されていきます。」と処理したほうが自然で、ポイントがはっきりします。

【关键表达】

原文	参考訳
市井生活	都市生活
形形色色	様々
细致入微	入念(にゅうねん)
北宋都城开封	当時の北宋の都(ほくそう みやこ)、開封
城市环境和部分城郊景象	都市部と郊外(こうがい)の様子
卓著的艺术作品	素晴らしい芸術作品

原文	参考訳
唤起对……真实的感受	感銘(かんめい)の気持ちが湧(わ)き起こる
北宋都城	北宋(ほくそう)の都
民俗民生	庶民(しょみん)生活
映入眼帘	目の前に展開されていく

第九讲

演讲者：傅　勇

【原文❶】

一幅画面有可能是由无数山峰或村庄构成的，也有可能仅描绘了一座山峰，一棵树，甚至是一朵花或一片叶子，两个人的某一个画面或是人和动物的一个画面。不论如何，目的都是为了引人入胜，都是为了让观者感觉身临其境、天人合一。明代画家唐寅（1470—1524）的作品《东篱赏菊图》便是一个很好的例子，这幅画的创作源于东晋著名诗人陶渊明的一首去职归隐的诗作，它描述了一位归隐诗人欣赏美景的雅兴。这幅画完美地展现出了画面布局和人物的和谐关系，构图经过了深思熟虑，空白很好地传达了作者的感情。

【学生译文】

一枚の絵画は無数の峰や村からなるものかもしれませんが、一つの山、一本の木、ひいては一つの花や一枚の葉っぱ、或は二人がいるある画面、人と動物一緒にいるある画面が描かれている絵もあります。いずれにしても、その目的は人を引きつけて夢中にさせることで、鑑賞者にその場に臨んでいる感覚をもたらすことだと言えます。明代画家唐寅（1470～1524）の作品『東籬観菊図』は良い例です。この作品は東晋名詩人陶淵明のある退職、隠棲に関する詩作に因んで作られたもので、隠

居することにしたある詩人が風景を楽しむ清興が描かれている。この絵は画面の景色と人物の調和のとれた関係を完璧に再現し、構図が熟思されたもので、空白が作者の感情をうまく伝えていると思います。

【参考訳文】

　一枚の絵画は、無数の峰や村からなるのもありますが、一つの山、一本の木、ひいては一輪の花や一枚の葉っぱ、あるいは２人の人間、または人と動物が描かれている絵もあります。いずれにしても、その目的は人を引きつけ、夢中にさせることで、鑑賞する側にその場にいるかのような錯覚をもたらすことで、鑑賞する人と鑑賞される絵画とは一体となっているのです。明の時代の画家、唐寅（1470～1524）の作品『東籬観菊図』はその良い例です。この作品は、東晋の名詩人、陶淵明が歌った隠棲に関する詩にちなんで作られたもので、隠居を決意したある詩人が風景を楽しむ様子が描かれています。この絵は熟考された構図で景色と人物が完全に調和し、空白の部分も作者の感情をうまく伝えています。

【解説】

1. 一幅画面有可能是……也有可能→一枚の絵画は無数の峰や村からなるものかもしれませんが、一つの山、一本の木、ひいては一つの花や一枚の葉っぱ、或は二人がいるある画面、人と動物一緒にいるある画面が描かれている絵もあります→一枚の絵画は、無数の峰や村からなるのもありますが、一つの山、一本の木、ひいては一輪の花や一枚の葉っぱ、あるいは２人の人間、または人と動物が描かれている絵もあります

　ここでの"可能"は可能性を表すというよりは、「～という場合がある」と理解したほうがよいでしょう。なので、「～かもしれませんが、～」ではなく、「～のもありますが、～のもあります」と表現しましょう。ちなみに、「～のもありますが」と聞いたら、後ろの情報に重きを置いているのだとすぐわかると思います。「～のもありますが」は、いわゆる前置きのような言葉で、次の情報に焦点が当たっているというニュアンスです。

もちろん、ここは「〜のもあれば、〜のもあります」という構文にしてもよいですが、その場合、二つの文は並列の関係で、どちらかに重点を置くというニュアンスはありません。

2. 两个人的某一个画面或是人和动物的一个画面→或は二人がいるある画面、人と動物一緒にいるある画面→あるいは2人の人間、または人と動物が描かれている絵もあります

　学生の訳は「或は二人がいるある画面、人と動物一緒にいるある画面」となっていますが、原文にある"某一个"、"一个"は逐一訳出する必要はありません。通常、省略します。例えば、中国語の"他叼着一根烟说……"は「彼は煙草を口にくわえて言いました」と訳すのが一般的です。通常、数量詞は省略したほうが自然な訳になります。

3. 为了让观者感觉身临其境、天人合一→その目的は人を引きつけて夢中にさせることで、鑑賞者にその場に臨んでいる感覚をもたらすことだと言えます→その目的は人を引きつけ、夢中にさせることで、鑑賞する側にその場にいるかのような錯覚をもたらすことで、鑑賞する人と鑑賞される絵画とは一体となっているのです

　「その場に臨む」よりも「その場にいる」という静止的な状態を表す言葉のほうがより原文の雰囲気を伝えられると思います。おそらく中国語の"身临其境"の"临"に釣られて、「臨む」と訳したのだと推測できます。「臨む」ではなく、「臨場感」と直ぐに反応出来たら、違和感がなくなります。"天人合一"はなかなかすぐに訳が思いつかない表現の一つです。「天」と「人」という文字にこだわって訳すよりは、文字の背後にある話者の「意味」をとらえることが大事です。この文での意味は、つまり鑑賞する人と鑑賞される絵画とは一体となっているということです。よって「鑑賞する側にその場にいるかのような錯覚をもたらすことで、鑑賞する人と鑑賞される絵画とは一体となっているのだ」と訳し直しました。

4. 明代画家唐寅→明代画家唐寅→明の時代の画家、唐寅

「の」を入れることによって、聞いてわかる日本語になります。

【关键表达】

原文	参考訳
无数山峰或村庄	無数(むすう)の峰(みね)や村
引人入胜	人を引きつけ、夢中(むちゅう)にさせる
身临其境	鑑賞(かんしょう)する側にその場にいるかのような錯覚(さっかく)をもたらす
天人合一	鑑賞する人と鑑賞される絵画(かいが)とは一体(いったい)となっている
隐居	隠棲(いんせい)

【原文 ❷】

　　前景后退到了画面上部分；在水边，在亭子前，开满金菊的地方便叫作"东篱"；秋天，一条清澈的山间小溪和一棵葱郁的松树；树下有石桌，两位隐居友人坐在岩石上把酒言欢，一边赏菊，眺望远处的南山；三个童子在石桌旁，一个蹲下热酒煮茶，一个拿着托盘一边走路，一边和刚才那个童子说着什么，还有一个童子一边给菊花浇水，一边看着另外两个童子。这和谐的两群人构成了画的主题，题诗详细写道："满地风霜菊绽金，醉来还弄不弦琴。南山多少悠然趣，千载无人会此心。"画上的人物都刻画得精致小巧。隐士的超脱之感和童子的栩栩如生都增强了这幅画的表达效果。

【学生译文】

　　前景は画面の上部に退き、川の横、あずまやの前、金菊が満開しているところは「東籬」です。秋に、澄んだ山間の小川と一本の青々としている松の木があり、松の下、隠棲生活を過ごしている友人二人が石卓の横に座って、酒を交わしながら話が弾んで、菊の花を観たり、遠くの南山を眺めたりしています。横にいる三人の童子は、一人がしゃがんでお茶や酒を温めており、一人が受け皿を持って歩きながら、隣の童子と何か話をしています。もう一人の童子は菊の花に水をかけながら、ほかの二人の童子の方向に視線を送っています。この安らかな雰囲気にいる二組の人が作品の主題になっています。横にある「満地風霜菊綻金，醉來還弄不弦琴。南山多少悠然趣，千載無人会此心」という題詩はそれを詳しく記しています。絵の中の人物が細かく、入念に描かれ、隠者の世俗超脱のありさまと生き生きとしている童子の様子が画面の芸術効果を際立たせています。

【参考译文】

　　前景は絵画の上部に退き、川辺、あずまやの前、金菊が満開になっているところは「東籬」と呼ばれています。秋、澄んだ山間の小川と青々とした一本の松の木があり、松の木の下で隠棲生活を送っている２人が

石卓に座って、酒を交わしながら話を弾ませており、菊の花を観たり、遠くの南山を眺めたりしています。横にいる3人の男の子は、一人がしゃがんでお茶や酒を温めており、2人目の男の子は受け皿を持って行きながら、1人目の男の子と何か話しています。3人目の男の子は菊の花に水をやりながら、ほかの2人の男の子の方に視線を送っています。この穏やかな2組の人々が作品の主題になっています。横に添えられた「満地風霜菊綻金，醉來還弄不弦琴。南山多少悠然趣，千載無人会此心」という題詩はそれを詳しく記しています。絵の中の人物が細かく、入念に描かれ、世俗間を超脱した隠遁者のありさまと生き生きとしている男の子の様子が芸術としての効果を高めています。

【解説】

1. 开满金菊的地方便叫做"东篱"→金菊が満開しているところは「東籬」です→金菊が満開になっているところは「東籬」と呼ばれています

　学生の訳の「満開する」は明らかに間違った表現です。「満開」は名詞であり、サ変動詞にすることはできません。なので、もし「満開」を使うのであれば、「金菊が満開になっている」と訳しましょう。"开满"の意味を表す言葉はそれ以外にもいくつかあります。例えば、「咲き乱れる」、「咲き誇る」などですが、"开满了菊花"はむしろ「菊の花が満開です」と表現したほうが自然で、分かりやすいです。通訳する時は、動詞をどれだけ知っているかが訳文の質を決める要因なので、一つの言葉の「引き出し」だけではなく、いくつかの引き出しを用意し、その表現力をアップさせましょう。

2. 三个童子在石桌旁，一个蹲下热酒煮茶，一个拿着托盘一边走路，一边和刚才那个童子说着什么，还有一个童子一边给菊花浇水，一边看着另外两个童子→横にいる三人の童子は、一人がしゃがんでお茶や酒を温めており、一人が受け皿を持って歩きながら、隣の童子と何か話をしています。もう一人の童子は菊の花に水をかけながら、ほかの二人の童子の方向に視線を送っています→横にいる3人の男の

子は、一人がしゃがんでお茶や酒を温めており、2人目の男の子は受け皿を持って行きながら、1人目の男の子と何か話しています。3人目の男の子は菊の花に水をやりながら、ほかの2人の男の子の方に視線を送っています

　学生の訳では、どの男の子がどうしたのか混乱してしまうので、「1人目」、「2人目」、「3人目」と直しました。もし絵が目の前にある場合は、指をさして説明してもよいのですが、それがない場合は、「1人目」などのようにはっきり分けて言いましょう。

【关键表达】

原文	参考訳
前景	前景
金菊	金菊
清澈	澄(す)む
山间小溪	山間の小川(おがわ)
葱郁的松树	青々とした松の木
蹲	しゃがむ
托盘	受(う)け皿(ざら)

【原文❸】

　　我认为，这幅画背后，其实表达了中国人对人生最终归属的观点。最终真实的人生归属应该是享受简单的生活，享受与自然和谐共处。从这幅中国古代绘画作品中，我们可以了解到中国人理想的生活状态，这种状态尤其不会是充满野心抱负或是形而上学的。中国和西方国家的区别或许在于，西方国家的人们更会创造或获得更多东西，却不那么会享受这些东西；而中国人有更大的决心和能力享受较少的东西。由于受到中国古典文化的教育，一位画家的常识、对中庸和自制的坚守往往决定了他的风格。我认为，这就是中国画家的文化哲学观。

【学生译文】

　　実は、この絵は中国人の人生の最終帰属に対する思想を表していると私は思っています。つまり、人生の本当の意味は簡単な日々を過ごし、自然との融合と共生を楽しむことだと思います。この古代中国の絵画作品を通じて、我々は中国人の理想の生活状態を感じることができます。この状態は必ず野心と欲望に満ちているものや形而上学的なものではありません。中国と欧米諸国の違いというと、おそらく欧米の人々はより多くのものを作ったり、得たりするのを求めているが、それを楽しむのが不得意である一方、中国人は少ないもので楽しむという決意と能力があるということかもしれません。中国古典文化の教育の影響があるため、画家の画風は往々に画家自身の常識、中庸と自制をしっかり守る態度によって決められます。これは所謂中国の画家の文化哲学観だと私は思っています。

【参考译文】

　　私は、この絵は人生の最後をどう過ごすのかという問題に対する中国人の考えを表していると考えています。すなわち、人生の最後は、質素な生活を送り、自然との共存を楽しむべきだというものです。この古代中国の絵画作品を通じて、私たちは中国人の理想の生活を感じることができるのです。そのような理想の生活とは、決して野心と欲

望に満ちたもの、あるいは形而上的なものではありません。中国と欧米諸国の違いを挙げるとすると、おそらく欧米人はより多くのものを作ったり、得たりすることを求めていますが、生活を楽しむのが不得意であるように思われます。一方、中国人は少ないもので生活を楽しむという考えと能力があると言えるかもしれません。中国古典文化における教育の影響により、画家の画風には、往々にして画家としての常識、中庸や自制を順守する態度が現れています。これは中国の画家の文化哲学だと考えられます。

【解説】

1. 其实表达了中国人对人生最终归属的观点→この絵は中国人の人生の最終帰属に対する思想を表している→この絵は人生の最後をどう過ごすのかという問題に対する中国人の考えを表している

    "人生最终归属"は学生の訳では「最終帰属」となっていますが、中国語の表現に流されていて、親切な訳し方とは言えません。逐次通訳なので、後文でその意味が理解できると思います。参考訳のように「人生の最後をどう過ごすのかという問題に対する中国人の考えを表している」と処理しましょう。

2. 这种状态尤其不会是充满野心抱负或是形而上学的→この状態は必ず野心と欲望に満ちているものや形而上学的なものではありません→そのような理想の生活とは、決して野心と欲望に満ちたもの、あるいは形而上的なものではありません

    この学生の訳の「必ず」は"尤其"の訳語として強調の意味で使ったものと考えられますが、文末の否定形と呼応していません。否定形で受けるのであれば、この場合は「決して〜ではない」という表現を使うとよいでしょう。

【关键表达】

原文	参考訳
人生最终归属	人生の最後をどう過ごす
充满野心抱负	野心と欲望に満ちる
西方国家	欧米諸国
中庸	中庸（ちゅうよう）
自制	自制
常识	常識
形而上学的	形而上的（けいじじょう）

第二单元　中国书画

【原文❹】

我们可以说，中国古代绘画作品是很抽象很传统的，因为如果没有题词，我们很难猜出画家作画的意图是什么。但事实上并不是每幅画都如此，一些早期的风景名画，题字其实有点多余，因为他们的目的其实有很大不同。在宋代画家范宽（950—1032）一幅具有里程碑意义的名画《溪山行旅图》中，画家并不是用重新诠释早期大家风格的方法来表达感情，而是用自己对自然的理解描绘景色，去感受旁人流连山水间的心情。

【学生译文】

古代中国の絵画作品は非常に伝統的且つ抽象的なもので、題字がなければ、画家創作の意図を理解するのが難しいとは言われますが、実は全部が全部そうだとは断言できません。一部の早期の有名な風景画は、その中の題字は実は少々余計な気すらします。その目的は大きく異なっているわけです。宋代の画家范寛（950～1032）の画期的な名画と言われる『溪山行旅図』の中では、画家は早期の大家のスタイルを再現するという手法で感情を表現するのではなく、自然に対する自分なりの理解で景色を描き、他人のこの山水に対する名残惜しい気持ちを感受しています。

【参考译文】

古代中国の絵画作品は、非常に伝統的かつ抽象的なもので、題字がなければ、画家創作の意図を理解するのは難しいと言われています。しかし、実はすべてがそうだとは言い切れません。早期の一部の有名な風景画は、敢えて言わせていただくと、その中の題字は実は少々余計な気がします。なぜなら、その目的が大きく異なっていたからです。宋代の画家、范寛（950～1032）の名画と言われる『溪山行旅図』では、彼は早期の大家の画風を再現するという手法で感情を表現するのではなく、自然に対する自分なりの理解で景色や、山水に対する人々の名残惜しい気持ちを描きました。

159

【解说】

1. 题字其实有点多余→その中の題字は実は少々余計な気すらします→敢えて言わせていただくと、その中の題字は実は少々余計な気がします

　学生の訳は「気すらします」となっていますが、語気が強すぎて、押しつけがましい印象を人に与えてしまいます。個人的な見解を抑え気味に述べたいというニュアンスなので、「あえて言わせていただくと」というように直しました。

2. 因为他们的目的其实有很大不同→その目的は大きく異なっているわけです→なぜなら、その目的が大きく異なっていたからです

　前文を受けて、その理由を説明している部分なので、「なぜなら」で受けて、「から」で理由を表すと意味がはっきりします。

3. 旁人→他人→人々

　ここの意味は「他人」ではなく、「人々」、「旅人」という意味合いです。日本語の「他人」を使うにはその文脈が必要です。排他的な存在を表すもので、例えば「赤の他人」などがあります。

【关键表达】

原文	参考訳
抽象	抽象的
传统的	伝統的
意图	意図(いと)
大家风格	大家の画風

第十讲

演讲者：傅　勇

【原文❶】
　　这幅画上我们没有看到题字，观画者完全通过画笔的语言去直接感受画中的意境。所有能表达的意境跃然纸上，就在那画中。加上一首诗或是题词来解释作者的意图反而会破坏观画者对画本身的感受。

【学生译文】
　この絵に題字がなくて、鑑賞者は絵の言語だけを通じて直接に作品の境地を感じるのです。すべての情緒がそのまま自然と画面から伝わってきます。わざと詩や詞を加えて作者の意図を解釈すると、かえって絵に対する感受性にダメージを与えます。

【参考译文】
　この絵には題字がないため、鑑賞者は絵画の言語のみを通じて直接作品のイメージを感じ取ります。すべての感情はそのまま自然と絵画から伝わってきます。詩や詞を加えて作者の意図を解釈すると、かえって絵に対する感受性を損なうこともあるのです。

【解说】

　　这幅画上我们没有看到题字，观画者完全通过画笔的语言去直接感受画中的意境→この絵に題字がなくて、鑑賞者は絵の言語だけを通じて直接に作品の境地を感じるのです→この絵には題字がないため、鑑賞者は絵画の言語のみを通じて直接作品のイメージを感じ取ります

　　原文には理由を表す語句はありませんが、意味上は理由の意が含まれています。なので、それを補って訳出すると、日本語の意味がはっきりし、わかりやすくなります。

【关键表达】

原文	参考訳
破坏……感受	〜感受性を損なう
意境	イメージ

【原文❷】

　　中国绘画艺术发展不息，发展过程中一直有两股力量：力求保持传统的保守派和力求创造个性的革新派。尽管两者有着明显的冲突之处，但也常常在一方稍强的情况下共同合作。尊崇传统是中国儒家思想的体现。中国人有很强的历史感，非常尊重历史。每到紧要关头，这种思想将有助于恢复社会稳定，重建民族自信心和民族认同感。传统是经过长期承载积累所得的宝贵财富，尽管它似乎成了阻碍进步的绊脚石，但它却为后辈的成长提供了一片重要沃土。

【学生译文】

　　中国の絵画芸術は絶えず発展しているもので、そのプロセスにおいて二種類の力があります。一つは伝統を守る保守派で、もう一つは個性を求める革新派です。両者は明らかに対立しているが、一方がやや強い場合に協力関係が生まれることもあります。伝統を尊びあがめるのは中国儒家思想の表しだと思われます。中国は非常に強い歴史感を持っている民族で、歴史を大事にしています。いざとなると、このような思想が社会安定の回復に役立ち、民族の自信と民族アイデンティティーの再構築につながります。伝統は長年にわたり蓄積され、伝えられてきた貴重な財産だが、進歩を妨げる障害になっているようです。にもかかわらず、後輩の成長において重要な沃地というのは間違いないです。

【参考译文】

　　中国の絵画芸術は絶えず発展しており、その過程においては常に2つの力が存在します。1つは伝統を守る保守派で、もう1つは個性を求める革新派です。両者は明らかに対立していますが、一方がやや強い場合には協力関係が生まれることもあります。伝統を敬うのは中国の儒教思想の特徴です。中国は非常に強い歴史感を持っている民族で、歴史を大事にしています。いざとなると、このような思想が社会の安定を回復するのに役立ち、民族の自信と民族アイデンティティーの再

構築につながっています。伝統は長年にわたり蓄積され伝えられてきた貴重な財産です。伝統は、進歩を妨げる障害になっていると言うこともできますが、新しい世代を成長させる原動力でもあるのです。

【解説】

1. 尊崇传统是……→伝統を尊びあがめるのは→伝統を敬うのは

「尊びあがめる」は「崇拝」に近い意味なので、ここでは「敬う」を使ったほうがよいでしょう。また、この文は一般的な事実を述べているものなので、「〜と思われます」はつけないほうがよいです。

2. 中国儒家思想的体现→中国儒家思想の表し→中国の儒教思想の特徴

「体现」は「（抽象的な事柄を）具体的に表す」ことで、日本語にも「体現」という言葉は入っています。しかし、日本語では一般に「身をもって実現すること」の意で使われます。「具現」という言葉もありますが、書き言葉で、硬いです。そこで、学生の訳は「表す」を名詞化して「表し」という表現を使ったものと思われますが、和語を使うのであれば「表れ・現れ」でしょう。また、参考訳のように漢語で統一する方法もあります。文体によって、表現を使い分けるとよいでしょう。

3. 传统是经过长期承载积累所得的宝贵财富，尽管……但它却为后辈的成长提供了一片重要沃土

"传统是经过数年承载积累所得的宝贵财富"は大事な情報なので、一つのまとまった文として処理しましょう。「它似乎成了阻碍进步的绊脚石」という部分は重点ではないので、少し語気を弱めて、接続助詞「が」でつなげて、さらっと訳したほうがよいでしょう。

また、一般に、「にもかかわらず」は予測に反する結果になることを表します。その意味では、学生の訳は間違っていないように思われます。しかし、原文の文脈を考えると、「そういう側面・場合もあるが、一方でこういう側面・場合もある」という意味なので、「にもかかわらず」は、ここではふさわしくないでしょう。

"它却为后辈的成长提供了一片重要沃土"という文は「中国語式」表現で、日訳する際には普通二つのルートがあります。一つは原文に近づける訳し方で、「後輩の成長において重要な沃地というのは間違いないです」と学生の訳のように、「沃土」を「沃地」に置き換えて、原文に忠実であるように訳します。しかし、デメリットはなかなか聞き手にわかってもらえないということです。もう一つのルートは、聞き手になるべく近づくという訳し方です。「沃土」というイメージを捨てて、聞き手である日本人にとってわかりやすく、しかもメッセージが共通している「原動力」に訳し換えるという技法です。どちらがよいかはケースバイケースで考える必要があります。なお、この文に限って言えば、参考訳のほうをお勧めします。

【关键表达】

原文	参考訳
发展不息	絶えず発展している
发展过程	プロセス
保持传统	伝統を守る
保守派	保守派
革新派	革新派
共同合作	協力し合う
尊崇传统	伝統を敬(うやま)う
恢复社会稳定	社会の安定を回復する
民族自信	民族の自信
民族认同感	民族アイデンティティー
数年积累	長年にわたり蓄積(ちくせき)され伝えられてくる

原文	参考訳
宝贵财富	貴重な財産
成了……绊脚石	〜を妨(さまた)げる障害(しょうがい)になっている

【原文❸】

　　因此，许多中国艺术家坚信对历史的传承是为了未来的繁荣，其中之一便是启功（1912—2005），他认为现代化的进程绝不能以破坏传统为代价。启功出生在一个满族家庭，酷爱中国传统艺术，自幼接受许多中国书画家的指点。他的画作纯净、甘爽、雅致，因此颇受欢迎，但也有人批评他的画作软弱、油滑、缺乏力度和深度。

【学生译文】

　　従いまして、多くの中国の芸術家は歴史の伝承が未来の繁栄につながっていると信じています。啓功（1912～2005）もその中の一人であります。彼は近代化を推進することで伝統の破壊という代償をこうむってはいけないと思っています。啓功は満州族の家庭で生まれて、中国の伝統芸術が好きで、幼い頃から多くの中国書画家の指導を受けています。彼の絵画作品は純粋で、爽やかで、風雅なものだと思われ、好きな人が少なくない一方、弱くて、ずる賢くて、力強さと深さが足りないという批判の声も聞こえます。

【参考译文】

　　したがって、多くの中国の芸術家は歴史の伝承が未来の繁栄につながっていると信じています。啓功（1912～2005）もその中の一人です。彼は近代化を推進することで、伝統の破壊という代償をこうむってはいけないと考えています。啓功は満州族の家庭で生まれ、中国の伝統芸術を好み、幼い頃から多くの書道家、画家の指導を受けました。彼の絵画作品は純粋で、爽やかで、風雅なものだと言われ、多くの愛好家がいる一方、弱くて、ずる賢くて、力強さと深さが足りないという批判も一部からは聞かれます。

【解说】

1. 他认为现代化的进程绝不能以破坏传统为代价→彼は近代化を推進することで伝統の破償をこうむってはいけないと思ってい

ます→彼は近代化を推進することで、伝統の破壊という代償をこうむってはいけないと考えています

「彼は近代化を推進することで伝統の破壊という代償をこうむってはいけないと思っています。」という学生の訳は間違いではありません。しかし、参考訳では「彼は～と考えています」と訳しました。一般に「思う」は直感的・情緒的な感情や想像に使われ、「考える」は理性的・論理的な思考や判断に使われます。なお、「彼は～と思う」とは言えません。「～と思う」は個人的な判断や推量に使われ、主語は「わたし」ですが、省略されることも多いです。

2. 酷爱中国传统艺术→中国の伝統芸術が好きで→中国の伝統芸術を好み

学生の訳では「中国の伝統芸術が好き」となっていますが、自分のことならば言えます。他の人のことならば、特にこのような内容の講演の場合は「彼は～が好き」と直接的に言うよりも、もう少し距離をとって表現するほうが自然です。例えば、「彼は～を好む」などです。一方、中国語の場合は、そのようなタブーがほとんどないので、"我喜欢中国传统艺术"と"他喜欢中国传统艺术"は、ほとんど区別なく使われていますが、日本語の場合はその場面に応じて言葉を選んで表現したほうがよいでしょう。

3. 但也有人批评……→批判の声も聞こえます→批判も一部からは聞かれます

ここでの「聞こえます」は「あります」の意なので間違いではありませんが、参考訳のように一般化したほうがよいでしょう。なお、ここでは学生の訳語に合わせて参考訳でも動詞「聞く」を使いましたが、通常、「批判の声もあります」と簡単に言えばよいでしょう。

【关键表达】

原文	参考訳
纯净	純粋(じゅんすい)
雅致	風雅(ふうが)
油滑	ずる賢しい
缺乏力度和深度	力強さと深さが足りない
历史的传承	歴史の伝承
未来的繁荣	未来の繁栄
现代化	近代化
破坏传统	伝統の破壊(はかい)
代价	代償(だいしょう)
自幼	幼(おさな)い頃から
满族	満州族(まんしゅう)

【原文❹】

　　另一画派追求个性，力求展现真实自我。这一画派与道家思想息息相通，并吸收了现代西方艺术的新思想。中国艺术因其中体现的"宁静与和谐"而出名，"宁静与和谐"已潜入中国艺术家的灵魂深处。中国艺术家要与自然共得宁静，摆脱社会枷锁的束缚，拒绝金银财富的诱惑，他的精神与山川河流以及其他自然体现深深融合。西方艺术更注重愉悦人的感官，更有激情，充满了作者更多的自我展现；而中国艺术则更注重人生的磨砺、克制和忍耐，与自然的和谐。中国艺术是阿波罗（Apollian）式的艺术，而西方艺术是迪奥尼索斯（Dionysian）式的艺术。

【学生译文】

　革新派は個性を重視し、真の自己表現を追求しています。彼らは道家の思想と密接につながり、現代西洋芸術の新しい思想をも受け入れています。中国の芸術はその中で表された「静寂と調和」をもって知られて、「静寂と調和」はすでに中国アーティストの魂の深い所に入り込みました。中国の芸術家は自然と共に静かに共生することを求め、社会の束縛から抜け出し、富の誘惑を拒否し、精神と山川やその他の自然体現との深い融合を目指しています。西洋の芸術は人の五感を喜ばせることを重視し、より情熱的で、作者の自己表現が大半になります。それに対して、中国の芸術は人生の試練、自制、忍耐、それに自然との調和のとれた関係を重視しています。中国の芸術はアポロ（Apollian）式の芸術で、西洋の芸術はディオニュソス（Dionysian）式の芸術です。

【参考译文】

　革新派は個性を重視し、真の自己表現を追求しています。彼らは道家の思想から大きな影響を受け、同時に現代西洋芸術の新しい思想も受け入れています。中国の芸術はその中で表された「静寂と調和」をもって知られ、「静寂と調和」はすでに中国の芸術家の心に深く入り込んでいます。中国の芸術家は自然と共に静かに共生することを求め、社会の束縛から抜け出し、富の誘惑を否定し、精神と山川やその

他の自然との深い融合を目指しています。西洋の芸術は人の五感を喜ばせることを重視し、より情熱的で、作者の自己表現があふれています。それに対して、中国の芸術は人生の試練、自制、忍耐、それに自然との調和のとれた関係を重視しています。中国の芸術はアポロン式（Apollian）の芸術で、西洋の芸術はディオニュソス（Dionysian）式の芸術と言えます。

【解説】

1. 这一画派与道家思想息息相通，并吸收了现代西方艺术的新思想→彼らは道家の思想と密接につながり、現代西洋芸術の新しい思想をも受け入れています→彼らは道家の思想から大きな影響を受け、同時に現代西洋芸術の新しい思想も受け入れています

　学生の訳は間違ってはいませんが、文字通りに訳しただけで、決していい訳とは言えません。一方、参考訳は原文の文字にとらわれることなく、「与道家息息相通」、つまり「道家の思想から大きな影響を受ける」という意味だと汲み取り、文字の背後にある意味を抽出するという工夫が見られました。

2. 他的精神与山川河流以及其他自然体现深深融合→精神と山川やその他の自然体現との深い融合→精神と山川やその他の自然との深い融合

　原文では「体現」という言葉が使われていますが、訳出するときに日本語に同様の言葉があっても、必ずその言葉を使わなければならないということはありません。ときには、省略したほうがよい場合もあります。

3. 充满了作者更多的自我展现→作者の自己表現が大半になります→作者の自己表現があふれています

　「作者の自己表現が大半になります」より、「作者の自己表現があふれています」という訳のほうが原文の意味を減らさず、また増やさず、忠実に訳したと思います。

【关键表达】

原文	参考訳
真实自我	真の自己
宁静	静寂(せいじゃく)
和谐	調和(ちょうわ)
潜入中国艺术家的灵魂深处	中国の芸術家の心に深く入り込んでいる
与自然共得宁静	自然と共に静かに共生(きょうせい)する
摆脱社会枷锁的束缚	社会の束縛(そくばく)から抜け出す
拒绝金银财富的诱惑	富(とみ)の誘惑(ゆうわく)を受け付けない
愉悦人的感官	人の五感を喜(よろこ)ばせる
磨砺	試練(しれん)
克制	自制(じせい)
忍耐	忍耐(にんたい)
阿波罗	アポロン
迪奥尼索斯	ディオニュソス

第二单元　中国书画

【原文❺】

　　像野兽派或立体派那样的西方艺术，会更重视个人情感和自我个体；而中国艺术则不同，它追寻由情感变化和意识理性整合后自我的自然状态。中国现代画家徐悲鸿（1895—1953）就是20世纪初期中国现代派绘画艺术的首批创意艺术家之一，他以彩墨画的马和鸟被誉为将西方宏伟的油画技艺与伟大的中国主题相融合的杰出典范，这些作品都展示出了他高超的西方绘画技巧。徐悲鸿不断推进视觉艺术与新式绘画手法以及国际化审美之间的融合，以求改革中国艺术。他致力于改变传统绘画方法，但又并不全盘否认或推翻传统。个性与传统如阴阳互补，两者的存在对中国文化传承不息、保持生命活力都十分重要。这就是徐悲鸿在他的作品中想要展示给世人的。

【学生译文】

　　フォーヴィスムやキュビスムのような西洋芸術は、もっと個人の感情と個体を重視しています。中国芸術は違います。感情の変化と意識理性の統合後の自己の自然な状態を求めています。中国現代画家の徐悲鴻（1895～1953）は20世紀初期の中国現代派絵画芸術の初代アーティストの一人です。彼が彩墨で描いた馬と鳥は西洋の壮大な油絵手法と偉大な中国式テーマが融合された傑作と言われています。これらの作品は彼の高度な西洋絵画技法を表しています。徐氏は常にビジュアルアートと新しい絵画手法、並びに国際的審美との融合を推進し、中国芸術における改革を図っています。伝統的な絵画技法の革新に取り組んでいるとはいいながら、伝統の全面否認や伝統の転覆まで行っていないです。個性と伝統が相互補完している陰陽のように、両者の存在は中国文化の不断の伝承と生命力の維持に大切です。これは徐悲鴻が作品を通じて人に見せたいものだと思います。

【参考译文】

　　フォーヴィスムやキュビスムのような西洋芸術は、個人の感情と個体をより重視しています。中国芸術はそれとは違い、感情の変化と意識理

173

性の統合後の自己の自然な状態を求めています。中国現代画家の徐悲鴻（1895～1953）は20世紀初期の中国現代派絵画芸術の第一人者の一人です。彼が彩墨で描いた馬と鳥は、西洋の壮大な油絵手法と偉大な中国式テーマが融合された傑作だと言われています。これらの作品は彼の高度な西洋絵画技法を表しています。徐氏は常にビジュアルアートと新しい絵画手法、国際的な美的センスとを融合をさせ、中国芸術の改革を図りました。伝統的な絵画技法の革新に取り組みつつ、伝統を全面的には否定していません。個性と伝統が相互補完している陰陽のように、両者の存在は中国文化の伝承と生命力の維持に不可欠です。これは徐悲鴻が作品を通じて人々に伝えたいことでしょう。

【解説】

1. 中国艺术则不同→中国芸術は違います→中国芸術はそれとは違い～

   文脈から西洋芸術との比較であることはわかりますが、多少唐突な感じがします。「それとは」を補うことにより、比較の対象がよりはっきりし、前後の文につながりがでます。

2. 他致力于改变传统绘画方法，但又并不全盘否认或推翻传统→伝統的な絵画技法の革新に取り組んでいるとはいいながら、伝統の全面否認や伝統の転覆まで行っていないです→伝統的な絵画技法の革新に取り組みつつ、伝統を全面的には否定していません

   "全盘否认传统"と"推翻传统"はほぼ似たような意味なので、いちいち訳す必要がないように思います。ですから、「伝統的な絵画技法の革新に取り組みつつ、伝統を全面的には否定していません」と訳せばよいでしょう。

3. 这就是徐悲鸿在他的作品中想要展示给世人的→これは徐悲鴻が作品を通じて人に見せたいものだと思います→これは徐悲鴻が作品を通じて人々に伝えたいことでしょう

   "展示给世人"は「見せる」より、「伝える」のほうがいいです。画面

そのものだけではなく、奥底にある考えも全部伝えたい内容となっているからです。また、学生の訳では「～だと思います」となっていますが、推量表現を使って、例えば、参考訳のように「～でしょう」、または「～ではないかと思います」といった表現もあります。

【关键表达】

原文	参考訳
野兽派	フォーヴィスム
立体派	キュビスム
情感变化	感情(かんじょう)の変化
意识理性整合	意識理性(いしきりせい)の統合(とうごう)
现代派	現代派
视觉艺术	ビジュアルアート
国际化审美	国際的な美的(びてき)センス
保持生命活力	生命力(せいめいりょく)の維持(いじ)

【原文❻】

　　如果中国现代艺术想在世界艺术之林获得重要地位，绝不能仅仅展示出一些固有的东西，而是应该努力给世界带来更多的原创作品。原创性应该是每一个艺术家的灵魂，是每一种文化传承中艺术发展的根本所在。所以，在艺术家的艺术生涯中，像启功一样的艺术家都会本能地选择用传统展示真实的自我；而像徐悲鸿一样的艺术家则会在出国学习了西方绘画之后，又拿起毛笔、墨水和宣纸展现艺术。不论如何，艺术家们都会像浪子般最终踏上归途。不论最终是选择倾向传统还是尝新求变，他们最初学到的东西一定是传统的方法和内容。

【学生译文】

　　中国の現代芸術が世界の芸術界において重要な地位を獲得したいなら、従来のものだけ展示するのは及び難く、より多くのオリジナルな作品を世界にだすべきです。オリジナリティはすべての芸術家の魂で、すべての文化の伝承における芸術発展の根本だと言えます。だから、芸術家の芸術人生において、啓功のような芸術家は自然と伝統を活かして真の自分を表現するようになり、徐悲鴻のような芸術家は外国で西洋絵画の学習を済ませた後、再び毛筆、墨と画仙紙を出して芸術創作をします。いずれにしても、芸術家たちは放蕩息子の改心のように最終的には帰途につきます。最後に伝統派であれ、革新派であれ、彼らが最初に覚えたのは必ず伝統の方法と内容に違いないです。

【参考译文】

　　中国の現代芸術が世界の芸術界において重要な地位を獲得したいのならば、従来のものだけを展示するのではなく、より多くの創造性あふれる作品を世界に出していくべきです。創造性はすべての芸術家の魂であり、すべての文化伝承における芸術発展の根本だと言えます。啓功に代表される芸術家は自然と伝統を活かして真の自分を表現し、徐悲鴻に代表される芸術家は外国で西洋絵画を学んだ後、再び毛筆と墨、画仙紙を使って創作活動を行いました。いずれにしても、芸術家

たちは放蕩息子のように旅をした後、最終的には元の場所に戻るのです。伝統派であれ、革新派であれ、彼らが最初に学ぶのは伝統的な形式と技法なのあり、これこそが芸術家たちにとっての帰るべき場所なのです。

【解说】

1. 绝不能仅仅展示出一些固有的东西→従来のものだけ展示するのは及び難く→従来のものだけを展示するのではなく

　学生訳「従来のものだけ展示するのは及び難く、～」の「及び難い」は「それと同等になることがきわめて難しい」の意から「かなわない」の意で使われます。確かに、意味的には前を受けて「世界の芸術界で重要な地位を獲得したいのであれば、それだけではかなわない」の意に取れなくはありません。しかし、話し手の重点はその後ろにあるので、参考訳のように「従来のものだけを展示するのではなく～」と、後ろへつなぐように訳すと文が流れていきます。このように、部分的には正しいように見えても、その前後の文脈で見た場合、必ずしもそうではないことが多々あります。通訳の場合、前後のつながりを瞬時に判断し、それを聞き手にわかりやすい表現で伝えることが求められます。

2. 而是应该努力给世界带来更多的原创作品→より多くのオリジナルな作品を世界にだすべきです→より多くの創造性あふれる作品を世界に出していくべきです

　「オリジナルな作品」と訳してもいいですが、少し語気が弱く、講演者の意味を十分に伝えきれない恐れがあります。ここは「従来のもの」と比較し、それと比べての意味が含まれるので、「創造性あふれる作品」としたほうがよりインパクトがあるでしょう。また、「努力给世界带来」は、未来への展望なので、「出す」より「出していく」と訳しましょう。

3. 启功一样的艺术家→啓功のような芸術家→啓功に代表される芸術家

　「啓功のような芸術家」という言い方より、「啓功に代表される芸術家」

とはっきり言ったほうがいいでしょう。同様に、「徐悲鴻一様的芸術家」も「徐悲鴻のような芸術家」と訳さずに、「徐悲鴻に代表される芸術家」と訳したほういいでしょう。

4. 不论最终是选择倾向传统还是尝新求变，他们最初学到的东西一定是传统的方法和内容→最後に伝統派であれ、革新派であれ、彼らが最初に覚えたのは必ず伝統の方法と内容に違いないです→伝統派であれ、革新派であれ、彼らが最初に学ぶのは伝統的な形式と技法なのあり、これこそが芸術家たちにとっての帰るべき場所なのです

ここは、芸術家たちを「放蕩息子が旅すること」に例え、どんな芸術技法を学ぶにしても、その出発点となるのは伝統的な形式と技法であり、放蕩息子が最終的には元の場所に戻るのと同じように、芸術家たちも最終的には伝統的な形式と技法に戻るのだという意味ですが、明らかに講演者は最後の部分の話をうまくまとめられなかったのです。こういう時に、通訳者は講演者の意味を汲み取り、内容を補っていく必要があります。「これこそが芸術家たちにとっての帰るべき場所なのです」と付け加えれば、芸術家と放蕩息子の例の間につながりができ、聞き手にとってよりわかりやすくなります。

【关键表达】

原文	参考訳
原创性	オリジナル性
艺术发展的根本	芸術発展の根本(こんぽん)である
浪子	放蕩息子(ほうとう)
宣纸	画仙紙(がせんし)
踏上归途	元(もと)の場所に戻る
展示真实的自我	真の自分を表現する

第二単元　中国书画

【原文❼】
　　从清澈的暗色到浓厚的黑色，中国水墨能画出极其丰富的色彩。画在宣纸上的水墨不仅停留在纸表面，还渗入了纸的纤维里，这些印记不会被抹去，将永久保存下来。水墨和大多中国式颜料一样，是清透的，在纸面上感觉不到任何东西。这样画出的画面好像可以退到成像后面一样，这就是中国艺术的精髓所在。

【学生译文】
　　中国の水墨画は澄んだ暗色から濃厚な黒まで非常に豊かな色彩表現ができます。画仙紙の上の水墨が紙の表面にとどまるだけではなく、紙の繊維まで染み込んでいきます。これらの跡は消えることなく、永久に保存できます。水墨はほとんど中国式顔料と同様に、透き通るもので、紙面に何もない気がします。このように描かれた水墨画は実像の後ろに隠れるようで、これはまさしく中国の芸術の真髄だと言えます。

【参考译文】
　　中国の水墨画は澄んだ暗色から濃厚な黒まで、非常に豊かな色彩表現が可能です。画仙紙の上の水墨は、紙の表面から繊維の奥まで染み込んでいきます。これらの跡は消えることなく、永久に保存が可能です。水墨は中国式顔料と同じく透明なので、紙面にはまるで何もないかのような感覚を人に与えます。このように描かれた水墨画は実像の後ろに隠れます。これはまさしく中国の芸術の真髄です。

【解说】
1. 不仅停留在纸表面，还渗入了纸的纤维里→画仙紙の上の水墨が紙の表面にとどまるだけではなく、紙の繊維まで染み込んでいきます→画仙紙の上の水墨は、紙の表面から繊維の奥まで染み込んでいきます

　　学生の訳は原文に引きずられていて、わかりにくいです。原文の意味を「从纸表面渗入了纸的纤维里」と理解してよいかと思います。なので、

179

原文の語順のままではなく、しかも表面的な意味に拘らずに訳すと、「画仙紙の上の水墨は、紙の表面から繊維の奥まで浸透します」となるわけですが、「浸透する」は漢語で硬く、芸術関係の理論的な話題でなければ、「染み込む」などのやわらかい表現を使ったほうがいいでしょう。

2. 水墨和大多中国式颜料一样，是清透的→水墨はほとんど中国式顔料と同様に、透き通るもので→水墨は中国式顔料と同じく透明なので

　学生の訳の「透き通る」という言葉はとてもきれいな表現で、水墨画といった芸術の世界ではそのような表現も可能でしょう。典型的な用法としては、例えば、透き通った声、透き通った湖、透き通ったガラスなどがあります。

3. 在纸面上感觉不到任何东西→紙面に何もない気がします→紙面にはまるで何もないかのような感覚を人に与えます

　学生の訳の「気がします」では自分がそう感じたことになってしまいます。原文の意味は「それを見た人々はみんなそのような感じを持つだろう」という意味なので、参考訳では「紙面にはまるで何もないかのような感覚を人に与えます」と訳し換えました。

【关键表达】

原文	参考訳
清澈的暗色	澄(す)んだ暗色
浓厚的黑色	濃厚(のうこう)な黒
纤维	繊維(せんい)
印记	痕跡、強く印象に残る

【原文❸】

　　当然，中国艺术也有其不完美之处。如果我们能理解"不完美"这个词的两个含义，或许我们对中国艺术就能有一个更全面更客观的认识。正如大多数语言的词汇系统中的含义一样，"不完美"的一个含义是缺乏完美；而另一个含义是并没有完成或结束，以继续保持活力，继续发展。后者正如美国诗人华莱士・史蒂文斯所说的那样，"不完美之地就是我们的天堂"，我们的世界在不停地变化，但变化带来的结果不会只有一片空白。

【学生译文】

　　もちろん、中国芸術も完璧ではない一面があります。もし我々は「完璧ではない」という言葉を理解できるなら、おそらく中国芸術に対する認識がより全面的で、より客観的なレベルに達します。多くの言語の語彙システムの中での意味と同じように、「完璧ではない」というのは「完璧さが欠けている」意味以外に、または完成していない、まだ終わりではなくて、引き続き活力をもって発展するという意味もあります。後者はまさにアメリカ詩人ウォレス・スティーブンスが言った通り、「完璧ではないところが私たちの天国だ」。私たちの世界はひっきりなしに変化しています。変化の結果はただの空白というわけではありません。

【参考译文】

　　もちろん、中国の芸術も完璧ではありません。もし私たちが「完璧ではない」という言葉の意味を理解できるのであれば、それは、おそらく中国芸術に対する認識がより広く、客観的なレベルに達していることを意味します。多くの言語での意味と同じように、「完璧ではない」というのは「何かが欠けている」という意味以外に、未完で、引き続き活力をもって発展するという意味もあります。後者はまさにアメリカ詩人ウォレス・スティーブンスが言った通り、「完璧ではないところが私たちの天国だ」ということになります。私たちの世界は常に変化しています。

変化がもたらすものは単なるまっさらなものというわけではありません。

【解说】
　我们的世界在不停地变化→私たちの世界はひっきりなしに変化しています→私たちの世界は常に変化しています

　「ひっきりなしに」は、間隔を開けずに短時間に絶え間なく続くことを意味するので、ここは「常に」のほうがいいでしょう。

【关键表达】

原文	参考訳
不完美之地就是我们的天堂	完璧ではないところは私たちの天国だ

第二单元　中国书画

【原文 ❾】

课后问题

1. 为什么中国现代教育课程里没有传统毛笔书法课程？是中国人认为不需要继承传统吗？

2. 现代的中国书法面临哪些挑战？

3. 中国绘画艺术还将以融合中国传统与西方技艺的方式继续发展吗？

【学生译文】

問題：

1. 中国現代教育コースには、なぜ書道の課目がないのでしょうか？中国人が伝統を継承する必要がないと思われているのでしょうか？

2. 現代では中国書画がどんなチャレンジに直面しましたか？

3. 中国絵画芸術が引き続き中国の伝統と西洋の技術を融合させながら発展できるのでしょうか？

【参考译文】

問題：

1. 中国現代教育コースには、なぜ書道の課目がないのでしょうか？中国人は伝統を継承する必要はないと考えているのでしょうか？

2. 中国の書画は現代おいて、どのような問題に直面していますか？

3. 中国の絵画芸術は引き続き、中国の伝統と西洋の技術を融合させながら発展できるでしょうか？

【解说】

是中国人认为不需要继承传统吗？→中国人が伝統を継承する必要がないと思われているのでしょうか？→中国人は伝統を継承する必要はないと考えているのでしょうか？

学生の訳はしいて言えば2通りの解釈ができます。1つは「思われている」を受け身と考えれば、誰にそう「思われている」のでしょうか。もう1つは「思われている」を尊敬ととるならば、前は「中国の方は」

が適切でしょう。こうしたあいまいさを残さないためにも、参考訳のように「考えている」と他の表現を使うとよいでしょう。

【关键表达】

原文	参考訳
中国现代教育课程	中国現代教育コース

第三单元　韩非子

第一讲

演讲者：宁一中

【原文 ❶】

女士们，先生们：

欢迎大家来听讲座。今天下午我们将讲韩非子。他是战国时期（前475—前221）的诸子之一。春秋战国时期是百家争鸣、百花齐放的时代，是伟大的思想家和哲学家产生的时代，韩非子就是那个时期的大思想家之一。首先让我们了解"子"的意思。

【学生译文】

ご出席の皆様

ようこそお越しくださいました。本日午後のテーマは韓非子です。彼は、戦国時代（紀元前475～前221）の諸氏百家の一人に数えられます。春秋戦国時代は、偉大な思想家や哲学者たちが生まれ、自らの思想を主張し論争を繰り広げた時代です。韓非子もそんな時代の偉大な思想家の一人でした。はじめに、「子」について説明したいと思います。

【参考译文】

ご来場の皆さん

ようこそお越しくださいました。本日午後のテーマは韓非子です。彼

は、春秋戦国時代（紀元前475～前221）に活躍した諸氏百家の一人に数えられます。春秋戦国時代は、偉大な思想家や哲学者たちが生まれ、自らの思想を主張し論争を繰り広げた時代です。韓非子もそうした春秋戦国時代の偉大な思想家の一人でした。さて、ここでははじめに「子」について説明したいと思います。

【解説】

1. 女士们，先生们→ご出席の皆様→ご来場の皆さん

「出席」という言い方もありますが、「出席」は、例えば同窓会などの出欠席をとるパーティー等で使われることが多いです。原文の公開講座のような出席自由の集まりの場合、参考訳のように「来場」もしくは「来席」といった表現を使うことが一般的です。また、「皆様」は丁寧で、広く一般的に使われる表現です。参考訳のように「皆さん」という表現を使うと、来場者に語りかける感じがでて、距離感が縮まります。

2. 首先让我们了解"子"的意思→はじめに、「子」について説明したいと思います→さて、ここでははじめに「子」について説明したいと思います

学生の訳は間違いではありませんが、「さて」を使うことによって、ここから本題に入るという話の流れをより一層強く伝えることができます。

【原文❷】

　　这里的"子"是中国古代对人的尊称；用来称老师或称有道德、有学问的人。比如孔子、孟子、庄子、韩非子等等。"子"好比一个后缀加在名字后，表示这个人是个有学问的人，甚至是个思想家。春秋战国时期，有很多大思想家，他们的思想各有不同。我想大家知道儒家，老子所代表的道家，和韩非子的法家。他们的思想都不一样。你们知道韩非子吗？我想你们是知道一些的，只是有点害羞不敢说。

【学生译文】

　　この「子」は、古代の中国において先生や道徳、学のある人物に対する尊称とされていました。例えば、孔子や孟子、荘子、韓非子などのように、ちょうど、名前の後にこの「子」がくると学のある人物、思想家という意味になるのです。春秋戦国時代には、多くの偉大な思想家が生まれました。彼らの思想はそれぞれ異なったものでした。ご来席の皆様も儒家や老子に代表される道家、韓非子の法家をご存じかと思います。彼らの思想は異なったものであります。皆様は、韓非子をご存じでしょうか？多少なりともご存じだとは思います。どうやら皆様、恥ずかしくて黙っていらっしゃるようですね。

【参考译文】

　　この「子」は、古代の中国では先生に対する尊称、または道徳や学のある人物に対する尊称とされていました。例えば、孔子や孟子、荘子、韓非子などのように、ちょうど名前の後にこの「子」がくると学のある人物、思想家という意味になるのです。春秋戦国時代には、多くの偉大な思想家が生まれました。彼らの思想はそれぞれ異なったものでした。ご出席の皆さんも儒教や、老子に代表される道家、韓非子の法家をご存じかと思います。彼らの思想はそれぞれ異なっています。皆さんは、韓非子をご存知でしょうか？多少なりともご存知だとは思います。どうやら皆様、恥ずかしくて下を向いておられますね。

【解説】

　我想你们是知道一些的，只是有点害羞不敢说→どうやら皆様、恥ずかしくて黙っていらっしゃるようですね→どうやら皆様、恥ずかしくて下を向いておられますね

　学生の訳は中国語の原文をそのまま直訳したものです。しかし、表現自体がストレートなので、ターゲットランゲージの表現パターンにそぐわないです。この場面は、講演者が聞き手の心を掴み、その場の雰囲気を和ませるために聴衆に言葉を投げかけた場面です。学生の訳のように通訳者がその真意を汲みとることができず、表面の解釈にとどまっていては殺風景です。なので、参考訳では「恥ずかしくて下を向いておられますね」というように訳しなおしました。そうすると、講演者との距離がぐっと縮まり、聞き手は顔に自然に笑みを浮かべながら講演者の話を続けて聞けるようになると思います。

【关键表达】

原文	参考訳
有学问的人	学のある人物

第三单元　韩非子

【原文❸】

　　下面我们就讲一些关于他的基本情况。他出身高贵，是春秋战国时期韩国的公子。他的思想为第一个中央集权帝国——秦帝国的诞生提供了理论基础。据说他曾师从荀子，同学中有李斯。这个李斯爬到了秦国丞相的位置。出于嫉妒，李斯后来谋害了韩非子，因为李斯觉得韩非子是他的对手。好了，我们后面再说这件事吧。

【学生译文】

　　次は、彼についてもう少し詳しくご説明いたしましょう。韓非子は高貴な家の出身でありまして、韓の国の王子でありました。彼の唱えた思想は、最初の中央集権国家、秦の国の誕生に大きな影響を与えました。一説によりますと、韓非子そして李斯はともに荀子の教えを受けたそうです。李斯はその後、秦の丞相にまで登り詰めますが、嫉妬から韓非子を殺してしまうのです。李斯にとって韓非子はライバルだったのです。この話はまた後でご紹介したいと思います。

【参考译文】

　　そこで、次に韓非子についてもう少し詳しく説明しましょう。韓非子は高貴な家の出身で、韓の国の王子でした。そして、彼の唱えた思想は、最初の中央集権国家である秦の誕生に大きな影響を与えました。一説によりますと、韓非子と李斯はともに荀子の教えを受けたそうです。李斯はその後、秦の丞相にまで登り詰めますが、嫉妬から韓非子を殺してしまうのです。李斯にとって韓非子はライバルだったのです。この話はまた後でご紹介したいと思います。

【解说】

1. 下面我们就讲一些关于他的基本情况→次は、彼についてもう少し詳しくご説明いたしましょう→そこで、次に韓非子についてもう少し詳しく説明しましょう

　　学生の訳は「次は」となっていますが、ここでは適訳ではないでし

ょう。というのは、前の部分に「まずは」にあたる話題がなく、いきなり「次は」が出てくるのは不自然だからです。「次に」であれば使えます。前段部分で韓非子に関して触れ、その話題を以下で詳しく述べる場合は、「その後に続いて」の意で「次に」を使います。また、参考訳では「そこで」を加訳しましたが、それは「どうやら皆様、恥ずかしくて下を向いておられますね。」という前段部分を受けるためです。そうすることによって、前後を関係づけることができ、話に流れが出ます。

2. 他出身高貴，是春秋战国时期韩国的公子→韓非子は高貴な家の出身でありまして、韓の国の王子でありました→韓非子は高貴な家の出身で、韓の国の王子でした

　ここでは、学生訳の「あります」、参考訳の「です」ともに使うことができます。「です」は一般的な表現で広く使われますが、原文のような講演では「あります」もよく使われます。ここでの「あります」には、聴衆に語りかけるような柔らかさがあり、学生の訳は適訳と言えます。ここでは、二つの表現を併記しておきます。場面や好みによって使い分けてほしいと思います。

3. 中央集权帝国秦帝国的诞生→最初の中央集権国家、秦の国の誕生→最初の中央集権国家である秦の誕生

　参考訳はのように「である」を入れることによって、「中央集権国家」と「秦」との間の関係がより明示化されるようになります。連体修飾語が発達していることは、日本語の大きな特徴のひとつとされているので、中国語を処理する際には、この特徴を生かすことを心がけましょう。例えば、"一位男士在门口等你，他穿着白西服，手上拿着一束玫瑰花"という中国語の文があるとしましょう。中国語の場合は、センテンスが三つ並んでいるような構造ですが、中国語の順序のまま日本語に訳出したら、日本語らしさを失ってしまい、中途半端なものになってしまいます。そういう場合は、後ろの"他穿着白西服，手上拿着

一束玫瑰花"の部分を連体修飾語として処理すれば、文全体がすっきりします。例えば「白い背広を着て、手にバラの花を持っている男の人が外で待っている」のように訳します。逆に長い連体修飾語のついた日本語の文を中国語に訳す際には、一般的な傾向として「定語」の扱いをせずに、短く切りながら、述語文として処理するように工夫します。

【关键表达】

原文	参考訳
出身高贵	高貴な家の出身
韩国的公子	韓の国の王子
爬到了秦国丞相的位置	秦の丞相(じょうしょう)にまで登り詰める

【原文❹】

韩非子所处的时代，风雨如晦、世事无定。在这种时代，韩非子的个人抱负，尤其是政治抱负难以实现。他有着依法治国的方略，但是在那种世事难料的政治形势下，他怎能将理想付诸现实？他没能成功，很受挫折。

【学生译文】

韓非子の生きた時代は、政治が腐敗し社会が不安定でありました。そのため彼の志、とりわけ政治に対する志を実現するには困難が伴いました。彼は法によって国を治めるという考えを持っておりましたが、当時の政治は先が見えない乱れたものでありました。そのような状況下でどうすれば彼の理想を現実のものへと変えることができたのでしょうか？彼は、成功ではなく挫折を味わったのでした。

【参考译文】

韓非子の生きた時代は、政治が腐敗し、社会が不安定でした。そのため彼の志、とりわけ政治に対する志を実現するには困難が伴いました。彼は法によって国を治めるという考えを持っておりましたが、当時の政治は先が見えない乱れたものでした。このような状況下で、どうすれば彼は自らの理想を現実のものへと変えることができたのでしょうか？彼は、成功ではなく挫折を味わうことになります。

【解说】

時制に関してですが、学生の訳に「～のです」、「～していました」、「～します」、「～のでした」と出てきます。この部分の出来事はすべて過去に起こったことです。通常、過去の出来事は過去形で表しますが、過去のある場面を述べるとき、そのセンテンスをすべて過去形で表すとくどくなります。なので、段落の冒頭で過去の出来事であることをはっきりさせた後は、適度に現在形を混ぜて表現します。そのほうが場面はすでに過去に遡っているのですが、あたかもそこにいるかのような臨場感

を出すことができます。

【关键表达】

原文	参考訳
风雨如晦、世事无定	政治が腐敗(ふはい)し、社会が不安定である
政治抱负	政治に対する志(こころざし)

【原文❺】

　　他常常上书给统治者谈他的法治思想，希望他的国家能国富民安。不幸的是统治者并不听信于他，他的谏言都成徒劳。作为想在朝堂中举足轻重的人，这种情形委实恼人。他写了一本书，由寓言、民间故事组成。他把书呈献给国君，国君却毫不关注，对书毫无兴趣。幸运的是，这本称为《韩非子》的书，辗转到了秦国统治者的手中。

【学生译文】

　　韓非子は、度々本の上で、法治思想によって、国を豊かにし民が幸せに暮らせる世の中をつくることを当時の統治者に説きますが、不運なことに韓非子の進言は統治者に全く聞き入れてもらえませんでした。當時の偉大な統治者になろうとする者または大臣にとって、この思想は無用の長物に過ぎないのでした。彼の記した書は、寓話、民話から成っております。韓非子はこの書を韓の君主に献上しますが、君主は全く関心を示しませんでした。しかし、幸運なことにこの書は≪韓非子≫と名付けられ秦の統治者の手に渡るのです。

【参考译文】

　　韓非子は、たびたび書を通じて、法治思想によって国を豊かにし、民が幸せに暮らせる世の中をつくることの重要性を当時の統治者に説きました。しかし、不運なことに、韓非子の進言は無用の長物に過ぎないらしく、統治者にまったく聞き入れてもらえませんでした。當時朝廷において一目置かれる存在になりたい人にとって、悩ましい現実でした。韓非子の記した書は、寓話、民話から成っております。韓非子はこの書を韓の君主に献上しますが、君主は全く関心を示しませんでした。しかし、幸運なことにこの書は『韓非子』と名付けられ、秦の統治者の手に渡るのです。

【解说】

1. 他常常上书→度々本の上で…統治者に说く→たびたび書を通じて…

第三单元　韩非子

　　統治者に説く
　「上书」は古代の皇帝などの統治者に書を献上するという意味なので、現代風の「本」ではなく、昔風の「書」で処理するのがよいでしょう。

2. 希望他的国家能国富民安→民が幸せに暮らせる世の中をつくること を→民が幸せに暮らせる世の中をつくることの重要性を
　「重要性」という言葉は原文にはありませんが、韓非子は法治思想による統治の重要性を繰り返し説いたので、この言葉を補って訳すと、より原文のニュアンスを訳文に反映させることができ、聞き手にとってもわかりやすい訳文になると思います。

3. 不幸的是统治者并不听信于他，他的谏言都成徒劳→不運なことに韓非子の進言は統治者に全く聞き入れてもらえませんでした→不運なことに、韓非子の進言は無用の長物に過ぎないらしく、統治者にまったく聞き入れてもらえませんでした
　参考訳の「不運なことに、韓非子の進言は無用の長物に過ぎないらしく、統治者にまったく聞き入れてもらえませんでした」という訳がひとつありますが、順序を変えて、「不運なことに、韓非子の進言は統治者に聞き入れてもらえず、結局水の泡に帰してしまいました」と訳してもいいでしょう。

4. 作为想在朝堂中举足轻重的人，这种情形委实恼人→當時の偉大な統治者になろうとする者または大臣にとって、この思想は無用の長物に過ぎないのでした→當時朝廷において一目置かれる存在になりたい人にとって、悩ましい現実でした
　学生は"作为想在朝堂中举足轻重的人，这种情形委实恼人"という文における動作主を間違えたので、その訳文も当然正しいものになっていません。ここでは、彼は當時朝廷において重要な人物になりたいという意味なので、「當時朝廷において一目置かれる存在になりたい人にとって、悩ましい現実でした。」というように修正しました。「恼人」は「悩

197

ましい」という表現以外に、「頭が痛い」、「頭が悩まされる」、「頭を抱える」などの表現も挙げられます。

【关键表达】

原文	参考訳
依法治国	法によって国を治(おさ)める
方略	考え
理想付诸现实	理想を現実のものへと変える
很受挫折	挫折(ざせつ)を味わう
常常上书	たびたび書を献上する
国富民安	国が豊(ゆた)かで、民が幸(しあわ)せに暮(く)らせる
谏言	進言(しんげん)
徒劳	～の長物(ちょうぶつ)
寓言	寓話(ぐうわ)
民间故事	民話(みんわ)

第三单元　韩非子

【原文❻】
　　年轻的秦国国君对书的作者极为敬佩，并希望见到作者韩非子。那时秦国和韩国正发生战争，实际上是秦国侵略韩国。韩国国君派遣韩非子作为特使，赴秦进行和谈。他在秦国受到国君的热烈欢迎。秦国国君不久后就征服了所有国家而成为秦始皇。我前面提到的韩非子的同学李斯，想说服秦王，说韩非子毕竟是韩国的公子，不可相信。最后秦王相信了李斯的话，立刻就把韩非子交给了执法官（吏）进行调查。

【学生译文】
　　若い秦の君主は韓非子自身に大変敬服しまして、韓非子との面会を希望するのです。当時秦と韓は交戦状態にあり、秦は韓の地に侵攻していました。韓の君主は韓非子を特使として秦に派遣しました。和睦をするためです。秦に赴いた韓非子は秦の君主の歓迎を受けたのでした。その後、秦の君主は全ての国を手中に収め秦の始皇帝となるのです。ここで先程挙げた李斯の話に戻りますが、李斯は、秦王に対し韓非子は韓の公子であり信用に値しないとし、秦王にすぐさま韓非子を法にかけるよう説得するのです。

【参考译文】
　　若い秦の君主は韓非子自身に大変敬服し、韓非子との面会を希望します。当時、秦と韓は交戦状態にあり、秦は韓の地に侵攻していました。韓の君主は、和睦をするために韓非子を特使として秦に派遣します。秦に赴いた韓非子は秦の君主の歓迎を受けたのでした。その後、秦の君主はすべての国を手中に収め、秦の始皇帝となるのです。ここで、先ほど挙げた李斯の話に戻りますが、李斯は、秦王に対し韓非子は韓の王子であり信用に値しないとして、秦王にすぐさま韓非子の身辺調査をするよう説得しました。

【解说】
1. この部分に関しては学生の訳はわりとよくできていると思います。"秦

王后悔莫及"を「秦王にとって悔やんでも悔やみきれないことは」というように訳出するなど、とてもよいパフォーマンスを見せてもらえたと言えましょう。しいて不足点は何かと言えば、「のだ」の乱用がまず挙げられます。「のだ」には強調したり、理由を説明したりする意味合いが込められているので、センテンスごとに「のだ」を入れたら、聞いているほうは気が重くなってしまいます。

2. 想说服秦王，说韩非子毕竟是韩国的公子，不可相信。最后秦王相信了李斯的话，立刻就把韩非子交给了执法官吏进行调查→李斯は、秦王に対し韓非子は韓の公子であり信用に値しないとし、秦王にすぐさま韓非子を法にかけるよう説得するのです→李斯は、秦王に対し韓非子は韓の王子であり信用に値しないとして、秦王にすぐさま韓非子の身辺調査をするよう説得しました

「交给了执法官吏进行调查」は「刑部の人に身辺調査、あるいは取り調べをしてもらう」という意味です。「法にかける」という意味とはずれがあるので、参考訳のように訳しなおしました。

【关键表达】

原文	参考訳
极为敬佩	大変敬服(けいふく)する
侵略	侵攻(しんこう)する
派遣	派遣(はけん)する
特使	特使(とくし)
正发生战争	交戦(こうせん)状態にある

第二讲

演讲者：宁一中

【原文❶】
　　让秦王后悔莫及的是，李斯早已把韩非子投入大牢，并给他毒药，命令他喝下去，一个伟大的哲学家就这样结束了一生，真是悲剧啊！那时韩非子才47岁，很年轻。嫉妒真是伟人的大敌啊，我们得去掉嫉妒心才行。

【学生译文】
　　秦王にとって悔やんでも悔やみきれないことは、韓非子はすでに李斯によって牢屋に入れられ毒薬を飲まされて死んでしまったことです。ここに偉大な哲学者の一生が終わるのです。本当に悲劇としか言いようがないですよね。享年47歳、若すぎます。嫉妬は偉人を滅ぼしてしまうのですね。私たちも嫉妬心を捨て去らなければなりませんね。

【参考译文】
　　秦王にとって悔やんでも悔やみきれないことは、韓非子がすでに李斯によって牢屋に入れられ毒を飲まされて死んでしまったことです。ここに偉大な哲学者の一生が終わりました。享年47歳、若すぎます。嫉妬は時に偉人を滅ぼしてしまいます。私たちも嫉妬心を捨て去らなければなりません。

【关键表达】

原文	参考訳
后悔莫及	悔(く)やんでも悔(く)やみきれない
嫉妒	嫉妬(しっと)する

第三単元　韓非子

【原文❷】
　　说到《韩非子》这本书，我们知道其中有很多名篇，如《五蠹》《说难》《有度》等，这些文章包含在管理、战争等方面的深刻的哲学思考。我们来谈这本书吧。之前我们提到过韩非子反对泥古思想，而这正是儒家所提倡的。他反对泥古，认为治国的最好办法，是法治而不是靠遵守过往帝王的思想。因此他建立了所谓"法家"，即以法治国的学派。

【学生译文】
　　≪韓非子≫には≪五蠹≫、≪説難≫、≪有度≫などのような名編があります。これらには、国家運営、戦などの分野における深い哲学的な思想が盛り込まれております。それでは、≪韓非子≫について話ししましょう。泥古的思想に異を唱えている韓非子ですが、これは、儒家が提唱したものでした。彼が泥古的思想に反対していたのは、過去の国王の思想による統治ではなく、法による統治が国を治める上で最良の方法だと考えていたからです。そこで、彼が確立したものが、いわゆる「法家」、法により国を治めるという学派です。

【参考译文】
　　『韓非子』には「五蠹」、「説難」、「有度」などのような有名な章があります。そしてこれらには、国家運営、戦いなどの分野における深い哲学的な思想が盛り込まれています。それでは、『韓非子』を紐解いていくことにしましょう。韓非子は、儒教が提唱していた泥古思想に異を唱えていました。彼が泥古思想に反対していたのは、それまでのような国王の思想による統治ではなく、法による統治が国を治める上で最良の方法だと考えていたからです。そこで、彼が確立したものが、いわゆる「法家」、法により国を治めるという学派です。

【解说】
1. 我们来谈这本书吧→≪韓非子≫について話ししましょう→『韓非子』を紐解いていくことにしましょう

203

『韓非子』は古代漢語で書かれている作品なので、「ひも解く」のほうがより適切でしょう。「ひも解く」は巻物の紐を解いて広げて読むという意味で、「史書をひも解く」などのように使われます。

2. 之前我们提到过韩非子反对泥古思想，而这正是儒家所提倡的→泥古的思想に異を唱えている韓非子ですが、これは、儒家が提唱したものでした→韓非子は、儒教が提唱していた泥古思想に異を唱えていました

学生の訳文は、連体修飾語で処理しようとした努力が見られますが、どれを連体修飾語として扱うべきなのか、まだ消化しきれていないように見受けられます。この文に関して言えば、前後の文に共通するものは「复古思想」という部分であり、また話題の中心ともなっています。センテンスの骨格を整理し直すと、「韩非子反对（儒家所提倡的）复古思想」というように情報が入れ込まれた形になります。こうすることによって、話の焦点をぼかすことなく、分かりやすく情報を伝えることができるようになります。そうして出来上がった文は「韓非子は、儒教が提唱していた復古思想に異を唱えていました」となります。

【关键表达】

原文	参考訳
泥古思想	泥古思想（でぃこ）（古いしきたりに固執する）
治国	国を治める（おさ）
最好办法	最良（さいりょう）の方法
以法治国	法により国を治める（おさ）

第三单元　韩非子

【原文❸】

　　他从三个人那里借用了重要的思想，其中一个人叫商鞅。他借鉴了商鞅的"法"的概念，这一思想出自商鞅的《商君书》。他借鉴的另一个思想叫"势"，还有一种思想叫"术"，即治国的具体办法。他认为要对百姓实施严格的规定，国家才能治好，否则各有各的行事规定，国家就乱套了。因此治国必以严刑峻法，守法者该受奖励，不管他有多低贱；违法者该受重罚，不管他有多高贵。这样也保证了国内的平等稳定。

【学生译文】

　　彼は三人の人物が考えた思想を継承しており、その中の一人が商鞅という人物です。韓非子は商鞅の≪商君書≫から「法」という概念を取り入れました。その他にも韓非子は「勢」と「術」という国を治めるための具体的な方法を継承しております。彼は、厳格な法は、国をうまく治めることができるが、繁雑な法では国が乱れてしまうという考えから、国の統治には、厳しい刑罰や法律が必要であるとし、身分に関係なく法を遵守する者には褒美を与え、法に背く者は、身分に関係なく厳罰に処したのです。このようにして平和をもたらしたのですね。

【参考译文】

　　彼は3人の人物が考えた思想を継承しました。その中の一人が商鞅という人物です。韓非子は商鞅の『商君書』から「法」という概念を取り入れました。その他にも、韓非子は「勢」と「術」という、国を治めるための具体的な方法を継承しております。韓非子は、厳格な法は国をうまく治めることができるが、繁雑な法では国が乱れてしまうという考えから、国の統治には厳しい刑罰や法律が必要であるとし、身分に関係なく法を遵守する者には褒美を与え、法に背く者は身分に関係なく厳罰に処したのです。このようにして国家と社会に安定をもたらしました。

【解说】

　　这样也保证了国内的平等稳定→このようにして平和をもたらしたのですね→このようにして国家と社会に安定をもたらしました

　　この文は、この部分の話のまとめにあたる文です。そのような場合は、この文だけに注目して訳すのではなく、この部分の話題に即して、適切な言葉を補いながら訳す必要があります。このような点から学生の訳を見た場合、大筋は訳出できていますが、漠然とした感じが否めません。参考訳の「国家と社会に安定を～」というように話題にあわせて具体的に加訳すると、聞き手も理解しやすいでしょう。

【关键表达】

原文	参考訳
严刑峻法	厳しい刑罰や法律

【原文❹】

　　这可是个好主意。这一宝贵遗产对当代法治，对我们的国家管理带来的影响，乃至与世界上的法治问题都很重要，值得我们深思。"术"是从另一位哲学家那里借鉴的。它强调在治国过程中，统治者要有一套指导原则，要有一班行政人马，因为他自己不能事无巨细皆亲力亲为，对吧？因此要有一班人马帮他，以保证其行政有力有效，还要保证那些人能够有效工作。他要设计一个有效管理与治理的体系。

【学生译文】

　　これはとても素晴らしい思想だと思います。この尊い思想は現代の「法治」に対して、そして「国家運営」に対して影響を与えております。また世界の法治的な問題を考える上でも非常に意味があり、私たちの更に学ぶべきものであると言えましょう。「術」もある哲学者の思想を継承したものであります。「術」は国を治める過程で君主には、国を治めるための指針と行政運営を行うための人手が必要であることを強調しております。君主があれもこれも自らの手でやるということは不可能ですからね。臣下が君主の手助けすることで最善の行政を行うことができますし、その効率も上がるわけです。韓非子は国をより良く運営し治めるための体制を確立しました。

【参考译文】

　　これはとても素晴らしい思想だと思います。この尊い思想は現代の「法治」に対して、そして「国家運営」に対しても影響を与えております。また世界の法治的な問題を考える上でも非常に意味があり、私たちはもっと深く学ぶべきものであると言えましょう。「術」もある哲学者の思想を継承したものであります。「術」は国を治める過程で君主には国を治めるための指針と、行政運営を行うための人手が必要であることを強調しております。君主があれもこれも自らの手でやるということは不可能ですから。最善の行政を行い、業務の効率を上げるためには君主を補佐することができる有力な臣下が

必要とされるわけです。韓非子は国をより良く運営し、治めるための体制を確立しました。

【解説】
1. 因此要有一班人马帮他→臣下が君主の手助けする→君主を補佐する
   古代のことなので、君主を手助けできるような平等な社会にはまだなっていません。「君主を補佐する」というように表現するとよいでしょう。

2. 因此要有一班人马帮他，以保证其行政有力有效，还要保证那些人能够有效工作→臣下が君主の手助けすることで最善の行政を行うことができますし、その効率も上がるわけです→最善の行政を行い、業務の効率を上げるためには君主を補佐することができる有力な臣下が必要とされるわけです
   よりよく話を理解してもらえるように、時には講演者は難しい内容をかみ砕いて、やさしい言葉で説明することがあります。この文もそうです。訳すときには、やはり頭の中でロジックを再整理する作業を怠ってはいけません。ここでは以下のように再構成しました。
   因此（前の文とのつながり）→されるわけです
   以保证其行政有力有效，还要保证那些人能够有效工作（目的となっている）→最善の行政を行い、業務の効率を上げるためには
   要有一班人马帮他（結果となっている）→君主を補佐することができる有力な臣下が必要
   このようにして参考訳が導き出されました。

【关键表达】

原文	参考訳
国家管理	国家運営(うんえい)
法治问题	法治的(ほうち)な問題

原文	参考訳
指导原则	指針(ししん)
行政人马	行政(ぎょうせい)運営を行うための人手
事无巨细皆亲历亲为	あれもこれも自(みずか)らの手でやる
有效管理与治理的体系	良く運営し、治めるための体制

【原文❺】

　　管理中的两个术语，这里要讲一讲，一个叫"名"，一个叫"行"。你们知道这两个术语的意思吗？我来解释一下"名"和"行"。在现代国家里，比如说在中国，我们有各种官员。比如你是一个处长，一个科长，一个部门领导，等等。这些都是官衔对吧？我可以给你一系列的名，这个名就是你的官名。我给你一个名，给了你名就意味着我给了你一系列的职务，也是责任。你不能只有名，而不承担责任，你得承担你的名所赋予的责任。

【学生译文】

　　その中に「名」と「行」と呼ばれるものがあります。皆さんは、この意味をご存知でしょうか？私が説明を致しますね。近代国家、例えば中国にはさまざまな役人がいます。例を挙げますと所長、課長、部長などですね。これらは肩書きですね。この「名」というものは、いわば役職の名前を示すわけです。この役職にはその職務、つまり責任が伴うのです。名ばかりでは許されず、その名に相応の責任を負わなければならないということです。

【参考译文】

　　その中に「名」と「行」と呼ばれるものがあります。皆さんは、この意味をご存知でしょうか。近代国家、例えば中国にはさまざまな役人がいます。例を挙げますと所長、課長、部長などです。これらは肩書きですね。この「名」というものは、いわば役職の名前を示すわけです。この役職にはその職務、つまり責任が伴うのです。名ばかりでは許されず、その名に相応の責任を負わなければならないということです。

【解说】

1. この部分に関しては、学生の訳は出来が良く、直す必要がある箇所はわりと少ないです。一番評価できる所は簡潔に訳せたところです。中国語の原文は聞き手に話しかけている口語体の文体なので、情報の重複や冗語があったりします。したがって、日本語に訳す際には、

頭の中でこのような情報を再整理し、内容をまとめた上できちんと訳すようにしないと、聞き手に理解の負荷が押しかかります。学生の訳はこの点を見極めたらしく、再整理した痕跡が所々見られます。例えば、

A: 我给你一个名，给了你名就意味着我给了你一系列的职务，也是责任。

「给你一个名」は上の人の立場に立って話している口調で、省略しても意味の理解には支障を来しません。そこで、情報をまとめて訳すと、「この役職にはその職務、つまり責任が伴うのです」となります。意味が重複する「给你一个名」を一つカットし、「役職が与えられた以上、職務を全うし、責任を果たさないといけないのです」というように処理しても納得できる訳だと思います。

B: 你不能只有名，而不承担责任

「名前だけで、それに伴う責任を果たさないのではいけません」と訳しても悪くありませんが、簡潔さに欠けていると思います。ふだん通訳の練習をする際には、一回訳し終わったら、それで万事終了というのではなく、常にもっといい訳はないかと自分に言い聞かせ、ベストを尽くす努力をしましょう。それができれば、徐々に言葉に磨きがかけられ、現場においてはじめて質の高い訳が期待できるのではないかと思います。

2. 不足点は「？」（クエスチョンマーク）の使用です。日本語は中国語と違って、一般的に地の文では「、」や「。」以外は、「？」、「！」などほとんど用いられません。一方、漫画には「？」がよく見られますが、それは表現のジャンルの違いによるもので、一概には言えません。

3. 你们知道……的意思吗？我来解释一下……→「皆さんは、この意味をご存知でしょうか？私が説明を致しますね。」

「私が説明を致しますね」は原文の「我来解释一下」を訳出したものと思われますが、その前で「皆さんは、この意味をご存知でしょうか」

と会場の聞き手に話題を投げかけて、自分の話に相手を引き込んでいるので、その後はすぐに説明に入ってかまいません。なので、このような場面では「私が説明を致しますね」といった前置きの表現は日本語では要りません。もちろん会議などで討議したり、報告したりする場面で、相手の話を引き取って説明する場合はその限りではありません。

4. 我来解释一下……一个部门领导……这些都是官衔对吧？→「私が説明を致しますね。」、「部長などですね。」、「これらは肩書きですね。」

原文の講座のような場面も含めて一般に話し言葉では、「ね」、「さ」、「よ」などのモダリティ表現はよく使われます。聞き手との距離が近くなり、親近感を出すことができます。しかし、学生の訳のように重ねて使うと、くどくなり逆効果です。特に講演の場合は、言い切ることができるときはしっかりと言い切ったほうがよいでしょう。

【关键表达】

原文	参考訳
现代国家	近代国家
各种官员	さまざまな役人(やくにん)
处长	所長
科长	課長
部门领导	部長
官衔	肩書(かたが)き
不能只有名	名(な)ばかりでは許されず
名所赋予的责任	その名に相応(そうおう)の責任

【原文❻】

　　一位官员的实际行动，就叫"行"。我作为一个部门领导，尽了我的职责，我就在实践我的"行"。我是部门领导，这是我的名。如果"名"与"行"对应得好，就可以被视为名行相符，就可以被看成是一位好干部好领导了。如果二者相符你就是一位好官员，那么就会受到奖励得到晋升，升到更高的职位，这就是所谓名行相符了。

【学生译文】

　　そして、「行」というのは、役人の本来するべきもののことを指します。例えば、ある役職の指導者であった場合、その職責をまっとうする。これが、いわゆる「行」です。自分の肩書き、つまり「名」と自分の職責をまっとうしたかどうか、つまり「行」、この二つが伴う臣下は有能な指導者と見なされます。このような有能な臣下は褒美をもらうことができますし、出世もすることができるのです。

【参考译文】

　　そして、「行」というのは、役人が本来やるべきもののことを指します。例えば、ある役職の責任者であった場合、その職責を全うする。これが、いわゆる「行」です。自分の肩書きである「名」と、自分の職責を全うしたかどうかという「行」、この2つが伴った臣下がはじめて有能なリーダーと見なされ、相応の褒美をもらうことができますし、出世もすることができるのです。

【解说】

1. 部门领导→役職の指導者→役職の責任者かリーダー

　　日本語の「指導者」は国家主席クラスの肩書で、ある組織のトップの人には使えないので、「責任者」や「担当の方」などと訳しましょう。「リーダー」は国家主席クラスを含め広く使うことができます。特に「リーダー」は、今に通じる現代風の訳語であり、若い人にも受け入れられると思います。実際の場面、あるいは文脈によって使い分けることができ

れば一番よいでしょう。以下にいくつかの呼称を挙げておきます。代表取締役、工場長、学長、校長、議長など。

2. 如果"名"与"行"对应得好，就可以被视为名行相符，就可以被看成是一位好干部好领导了。如果二者相符你就是一位好官员，那么就会受到奖励得到晋升，升到更高的职位，这就是所谓名行相符了。

　　この部分も内容が重複しています。重なった内容をカットし、再整理すると、「"名"与"行"对应→被看成是一位好官员→受到奖励得到晋升」となります。

　　学生の訳文は、こういった再整理のプロセスが欠けているので、訳文が少しダラダラしています。通訳の過程は簡単に言えば、インプットした情報を理解し、再整理して、さらにアウトプットしていくので、再整理し、分析していく努力を怠ってはいけません。

3. 这是我的名。如果"名"与"行"对应得好，就可以被视为名行相符→これが、いわゆる「行」です。自分の肩書き、つまり「名」と自分の職責をまっとうしたかどうか、つまり「行」、この二つが〜→これが、いわゆる「行」です。自分の肩書きである「名」と、自分の職責を全うしたかどうかという「行」、この２つが〜

　　学生の訳では、「いわゆる」や「つまり」といった意味の重なる言葉が繰り返し使われています。個々の用法に誤りはありませんが、多用すると聞き手にくどい印象を与えてしまいます。この場面では、「これはA、これはB」といったようにジェスチャーをまじえながら聞き手に説明するのであれば、学生の訳も成り立つでしょう。参考訳は同様の表現の重複をさけ、このテキストのように目で見てもわかりやすい訳文にしてあります。耳で聞いたときと、目で見たときの違いはありますが、さまざまな表現を学び、場面に応じて使えるようにすることが大事です。

【关键表达】

原文	参考訳
部门领导	役職の責任者かリーダー
尽了……职责	職責を全(まっと)うする
处长	所長

【原文❼】

　　相反，如果二者不符，如果你只有名，而无所作为，甚至犯错，你就要受到惩罚。统治者常常要考察，看看官员们是否名行相符，这样就知道谁该被提升，谁该受奖励，谁该受罚，奖罚分明就可以保证有效管理。这便是管理的方法之一。"术"即政策，也是管理艺术。这对我们今天的管理也具有意义。我们每年也检查管理人员的工作，从这里我们可以看到管理的源头，这就是所谓的"术"。

【学生译文】

　　反対にこの二つが伴わず、名ばかりで何の成果も得られず、ミスを犯してしまった場合は罰を受けなければなりません。指導者は役人の「名」と「行」が伴っているのか、働きぶりを見て、恩賞をとらせるか、罰するかを決めるのです。恩賞と罰則というものを明確に線引きする、これも国家運営のやり方の一つです。「術」は政策のことであります。この考え方は今でも私たちに大きな影響を与えています。なぜならば現代でも毎年、役人の働きぶりを審査しているわけで、今日も「術」という国家統治の源を私たちは垣間見ることができるからであります。

【参考译文】

　　反対にこの2つが伴わず、名ばかりで何の成果も得られず、ミスまでを犯してしまった場合は罰を受けなければなりません。指導者は役人の「名」と「行」が伴っているのか、働きぶりを見て、恩賞をとらせるか、罰するかを決めるのです。恩賞と罰則というものを明確に線引きしたら、管理の有効性が保証できるようになり、これも国家運営のやり方の一つです。「術」は政策のことであります。この考え方は今でも私たちに大きな影響を与えています。なぜならば現代でも毎年、役人の働きぶりを審査しているわけで、今日も「術」という国家統治の源を私たちは垣間見ることができるからです。

【解説】

1. 学生の訳文はこの部分もほとんど添削が要りません。話の流れをきちんと受け止め、全体のロジックをしっかりと把握しただけでなく、細部における言葉遣いも凝っていて、質の高いパフォーマンスを見せてもらいました。

2.「奖罚分明」は「恩賞と罰則というものを明確に線引きする」、「看到管理的源头」は「国家統治の源を垣間見ることができる」というように訳出し、瞬発力を出せたのも、ふだんの通訳の練習の際に、言葉の取捨選択を真面目に行ってきた成果だと言えましょう。

【关键表达】

原文	参考訳
好干部／好领导	有能なリーダー
董事	取締役

【原文❸】

　　还有一个术语叫"势"，即作为领导者，你就得把自己看成领导者，要掌握好权利。作为统治者，你当然不要让权力失控，你得拥有权力，把权抓好，有效行使权力，否则你就不是好领导了。以上就是我们说的"法""术""势"。用这些办法，目的就是要依法治国，这是韩非子最重要的思想。法治，也就因他的这些思想他被称为法家。

【学生译文】

　　もうひとつ「勢」というものが挙げられますが、有能な君主になるには、指導者として権力を掌握すること、そして統治者として、権力を有効に行使し、自らの力を維持することを指しているのです。以上が「法」、「術」、「勢」の説明になります。これらの考え方の目的は法により国を治めることであり、「法治」とは韓非子の最も重要な思想と言えるでしょう。彼を「法家」と呼ぶのです。

【参考译文】

　　もうひとつ「勢」というものが挙げられますが、君主たるものは指導者として権力を掌握すること、そして統治者として権力を有効に行使し、自らの力を維持することを指しています。以上が、「法」、「術」、「勢」の説明になります。これらの考え方の目的は法により国を治めることであり、「法治」とは韓非子の最も重要な思想と言えるでしょう。それゆえ、彼を「法家」と呼ぶのです。

【解说】

1. 即作为领导者→有能な君主になるには→君主たるものは

　"即作为领导者"は、すでにそのような資格を有しているという意味が含まれています。学生の訳の「有能な君主になるには」だと、意味に多少ずれが生じるので、「君主たるものは」というように直しました。また「君主である以上は」という訳もあります。

2. 也就因他的这些思想他被称为法家→彼を「法家」と呼ぶのです→それゆえ、彼を「法家」と呼ぶのです

　原文には因果関係がはっきりと示されているにもかかわらず、学生の訳文ではそれを訳し損なったのは大きなミスです。「それゆえ」あるいは「以上のような理由で」、「そのようなわけで」といったように情報を補って訳しましょう。

【关键表达】

原文	参考訳
无所作为	何の成果も得られず
奖罚分明	恩賞と罰則を明確に線引きする

【原文❾】

　　他也想通过法治鼓励严刑峻法；鼓励通过发展农业进行战争。也许你会惊讶，为什么鼓励战争？你知道战国时期，形势很乱。秦朝第一位皇帝秦始皇，还未统一中国。如果你的军队强大，你就可以扩大疆土。如果你发动战争，打败其他国家，你的国家就可以扩展，这也不错。他也鼓励发展农业，你知道原因吗？

【学生译文】

　　韓非子は法治を通して、厳しい刑罰や法律を奨励しました。または農業を発展させることによって、戦を奨励しました。ここで皆様はなぜ戦を奨励するのかと疑問に思うでしょうか？それは、当時は戦国時代であり、情勢が乱れていました。秦の始皇帝はまだ中華統一を成し遂げていませんでした。そんな中で軍隊を強化すれば国土を広げることができますし、戦をし他国を打ち負かすことができれば、国を大きくすることができます。これは自国にとって、とても有利なことですね。韓非子は戦だけでなく、農業にも力を入れるべきと説いておりますが、それは何故でしょう？

【参考译文】

　　韓非子は法治を通して、厳しい刑罰や法律、農業や戦いも奨励しました。ここで皆さんはなぜ戦うことを奨励するのかと疑問に思うでしょう。それは当時が戦国時代であり、世の中が乱れていたことと関係があります。秦の始皇帝はまだ中国全土の統一を成し遂げていませんでした。そんな中で軍隊を強化し、戦いで他国を打ち負かすことができれば国を大きくすることができます。これは自国にとって、とても有利ことです。また、韓非子は戦いだけでなく、農業にも力を入れるべきと説いています。それは何故でしょうか。

【解说】

1. 你知道战国时期，形势很乱→それは、当時は戦国時代であり、情勢

第三単元　韩非子

が乱れていました→それは当時が戦国時代であり、世の中が乱れていたことと関係があります

　このセンテンスは前のセンテンスに対する答え、つまり自問自答なので、「それは〜ことと関係があります」あるいは「それは〜ことに原因があります」などの文構造がしっくり来ます。

2. 统一中国→中華統一→中国全土の統一

　「中華」は概念的なもので、よく熟語として使われます。例えば、中華人民共和国、中華思想、中華料理などです。なので、ここでは「中国」というように訳し換えたほうがいいでしょう。

3. 他也鼓励发展农业→韓非子は戦だけでなく→また、韓非子は戦いだけでなく

　中国語は「意合」と言われ、センテンスとセンテンスのつなぎは接続詞によって結ばれているケースもあるものの、接続詞を特に用いずに、内包された意味で文全体のロジックを示す傾向が強い言語だと言えましょう。この部分は、まず、"为什么鼓励战争？"と質問する形で、聞き手の興味を引くという話術をとりました。次いで、"他也鼓励发展农业，你知道原因吗？"と質問を重ね、韓非子の農業に対する政策を明らかにしようとするものです。両者の間に「または」や「それと同時に」などのつなぎの言葉がないと、聞き手に理解の負荷が押しかかってしまいます。

　一方、日本語でもおもに詩文や小説などで、短いセンテンスを接続詞や指示語などを用いずに重ねて表現することがあります。これは一種の修辞法のようなものとして使われ、文章にリズム感を出す効果がありますが、このテキストのような講演の場合は、その前後の論理性をはっきりさせるためにも、接続詞などを省略せずにしっかりと説明する必要があります。

4. 也许你会惊讶，为什么鼓励战争？→ここで皆様はなぜ戦を奨励する

のかと疑問に思うでしょうか？→ここで皆さんはなぜ戦うことを奨励するのかと疑問に思うでしょう

　日本語の「か」にはさまざまな用法がありますが、文末において「疑いや問いかけの気持ち」を表すときによく使われます。原文は"也许你会惊讶，为什么鼓励战争？"とあり、"为什么……"で疑問を呈しているので「なぜ～のか」、この部分の訳はこれでよいでしょう。しかし、"也许……"の部分は「推量」なので、参考訳のような「～でしょう」といった表現を使います。けれども、この場面は全体として会場の聞き手に対し「問いかけ」、「確認」をしているので、学生がこのように訳出したのも理解できなくはありません。

5. 如果你的军队强大，你就可以扩大疆土。如果你发动战争，打败其他国家，你的国家就可以扩展，这也不错→そんな中で軍隊を強化すれば国土を広げることができますし、戦をし他国を打ち負かすことができれば、国を大きくすることができます。これは自国にとって、とても有利なことですね→そんな中で軍隊を強化し、戦いで他国を打ち負かすことができれば国を大きくすることができます。これは自国にとって、とても有益なことです

　原文の"扩大疆土"と"国家就可以扩展"は基本的に同じことを意味しています。このように意味的に重複する場合は、特に強調しなければならないときを除いて、ひとつにまとめたほうがよいでしょう。そうすれば、参考訳のように訳文を短くすることができ、聞き手にとってもわかりやすいすっきりとした訳になります。

【关键表达】

原文	参考訳
形势很乱	世の中が乱れていた
统一中国	中国全土の統一

第三单元　韩非子

【原文❿】
　　你想想，如果你统治一个国家，就要保证你的人民不挨饿，因此就得鼓励农业。为了扩大疆土，就得有军队，军队要吃饭，因此就要鼓励农业，这样就会有源源不断的食品供应，反过来你就可以建立一支强大的军队。因此那时鼓励农业，鼓励征战，都是强化国家权力的有力措施。

【学生译文】
　　皆様、少し考えてみてください。国を治めるということは、人々の食料を確保しなければならないのです。それに国土を広げるには軍隊が必要ですが、兵士にも食料が必要です。そこで農業を発展させ、盤石な食料供給の体制を築くことで強固な軍隊を手に入れることができるのです。農業を奨励し、戦を奨励するということは、国家の持つ権力を揺るぎないものにするための措置だったのですね。

【参考译文】
　　国を治めるということは、そこに住む人々の食料を確保しなければならないということでもあります。それに国土を広げるには軍隊が必要ですが、兵士にも食料が必要です。そこで農業を発展させ、盤石な食料供給の体制を築くことで強固な軍隊を手に入れることができるのです。農業を奨励し、戦いを奨励するということは、国家の持つ権力を揺るぎないものにするために不可欠な方策なのです。

【解说】
1. 你想想→皆様、少し考えてみてください→（省略する）
　　"你想想"という聞き手の再考を促す言葉によって、「それは何故でしょうか」という前段の問いに答えていくというニュアンスですが、後続の文に「～ということは～ということです」という問いに答える説明の表現が入っているので、"你想想"をあえて訳さなくてもいいでしょう。また、訳さないほうが自然です。

2. 如果你统治一个国家，就要保证你的人民不挨饿→国を治めるということは、人々の食料を確保しなければならないのです→そこに住む人々の食料を確保しなければならないということでもあります

　文全体は説明のニュアンスなので、「～ということは～ということです」というような構文にしたほうが落ち着きます。

3. 强化国家权力的有力措施→国家の持つ権力を揺るぎないものにするための措置→国家の持つ権力を揺るぎないものにするために不可欠な方策

　「強化国家権力」は「国家の権力を強める」あるいは「国家の権力を強化する」などの表現が一般的ですが、「～を揺るぎないものにする」というように少しバラエティーに富んだ表現を学生が使えたのは大したものです。

4. 强化国家权力的有力措施→国家の持つ権力を揺るぎないものにするための措置→国家の持つ権力を揺るぎないものにするために不可欠な方策

　「措施」はそのまま「措置」と訳しても悪くありませんが、ここは法家思想家としての韓非子についての紹介なので、「方策」という表現を使ったほうがより原文にふさわしいでしょう。

【关键表达】

原文	参考訳
强大的军队	強固な軍隊（きょうこ ぐんたい）
鼓励征战	戦いを奨励する（たたかい しょうれい）
保证……不挨饿	～食料を確保しなければならない（しょくりょう）
军队要吃饭	兵士にも食料が必要である（へいし）

【原文 ⓫】

　　这在当时是进步的，这些想法事实上对他的国家有益。遗憾的是他英年早逝，壮志未酬。最后他的国家韩国，还有当时的其他国家，被征服了，最后被当时最强大的国家秦国所统治。

【学生译文】

　この考え方は、当時としては画期的なもので、韓にとって有益なものでしたが、残念なことに韓非子は若くして志半ばでなくなってしまうのです。最終的に韓をふくめたその他の国は、秦により征服され中国大陸は秦のものとなるのです。

【参考译文】

　この考え方は当時としては画期的なもので、韓にとって有益なものでしたが、残念なことに韓非子は若くして、志半ばでなくなってしまいます。最終的に韓を含むその他の国は秦により征服され、中国大陸は秦のものとなるのです。

【解说】

　この部分は学生がよく訳せたので、ほとんど添削はいりません。訳語が洗練されていて、参考に値するものもあります。例えば、「进步的」は「画期的」、「壮志未酬」は「志半ば」というようにすぐに切り替えられた所は素晴らしいです。不足点を挙げれば、やはり「のだ」の使い方です。これについてはすでに前で解説してあるので、ここでは省きます。

【关键表达】

原文	参考訳
壮志未酬	若くして 志 半ばでなくなる

第四单元　中国的君子文化

第一讲

演讲者：穆　杨

【原文❶】

导言

"君子"有着丰富而深厚的文化意蕴，是儒家文化中完美人格的化身。无论是在古代还是在当代，君子都是对一个人道德及修养的极高评价。本讲座旨在介绍"君子"这一概念的文化含义，并从修身之道、处世之道、守法天道等三个方面探讨君子的修养。

【学生译文】

序論

儒家文化において、「君子」は完璧な人格として、中に豊かな奥深い文化が秘められています。古代であれ現代であれ、人間の道徳と修養の高さを評価する度に、君子が謳われています。今回の講座において、「君子」に含まれている文化意味を紹介し、身を修める、世間を渡る、天に従うという三つの面から、君子の修養を検討したいと思います。

【参考译文】

儒教文化において、「君子」は完璧な人格者とされており、また豊かで奥深い文化を有しているとされます。古今を問わず、君子は道徳と教

養の深さを高く評価されてきました。今回の講座では「君子」という概念に含まれている文化的な意味を紹介し、身を修める、世間を渡る、天に従うという三つの事柄から、君子の修養について検討したいと思います。

【解说】
1. "君子"有着丰富而深厚的文化意蕴，是儒家文化中完美人格的化身→儒家文化において、「君子」は完璧な人格として、中に豊かな奥深い文化が秘められています→儒教文化において、「君子」は完璧な人格者とされており、また豊かで奥深い文化を有しているとされます

　自分の考えではなく、一般的にそう思われている場合は、表現される対象との間に一線を画して、「～とされます」などの受け身の表現を使うことにより、客観性を増した表現になります。

2. 无论是在古代还是在当代→古代であれ現代であれ→古今を問わず
　　両方とも妥当な言い方ですが、「古今を問わず」のほうがより簡潔です。

3. 君子都是对一个人道德及修养的极高评价→人間の道徳と修養の高さを評価する度に、君子が謳われています→君子は道徳と教養の深さを高く評価されてきました

　学生の訳は一見よさそうに思われるかもしれませんが、原文の情報と照らし合わせると、原文にない情報が挟まれていることがわかります。中国語に訳し戻した場合、原文通りの情報にならないことに気づくでしょう。トレーニングする際には、自分の訳文を訳し戻しすることも訳文を検証するときの一つの方法です。

4. 修身之道、处世之道、守法天道→身を修める、世間を渡る、天に従う
　　洗練されている中国語は、どのように工夫して訳せば、中国語のリ

ズム感を保つと同時に、ターゲットランゲージの聞き手により受け入れられやすいのか、これは中日両言語を操るプロの通翻訳者を悩ませる難しい問題です。翻訳はともあれ、逐次通訳の現場では、「分かりやすさ」は何よりも大事なことと言えましょう。わかりやすくするためには、文字にとらわれて訳すより、原文の中国語の意味を見極め、情報を崩しながら解釈するというのも重要なテクニックです。「身を修める、世間を渡る、天に従う」は正にその実践例です。

【关键表达】

原文	参考訳
导言	序論(じょろん)
修身之道	身を修(おさ)める
处世之道	世間を渡る
守法天道	天に従う

【原文❷】

热身问题

（1）在中国文化中，"花中四君子"分别指什么？

"花中四君子"指的是梅、兰、竹、菊。

（2）在汉语中表示绝不食言时用什么成语？

君子一言，驷马难追。

【学生译文】

ウオーミングアップ

（1）中国文化において、「四君子」とはそれぞれどの植物を指しますか。

「四君子」とは、梅、蘭、竹、菊という四つの植物です。

（2）中国語において、食言せずという意味を表すには、どの成語がよく使われますか。

君子一言四馬も追う能わず

【参考译文】

ウオーミングアップ

（1）中国文化において、「四君子」とはそれぞれどの植物を指しますか。

「四君子」は梅、蘭、竹、菊という四つの植物を指しています。

（2）中国語で「食言せず」という意味を表すには、どの成語がよく使われますか。

君子一言四頭立ての馬車も追う能わず。（君子は、一度口に出したことは取り消せない。）

【解说】

君子一言，驷马难追→君子一言四馬も追う能わず→君子一言四頭立ての馬車も追う能わず（君子は、一度口に出したことは取り消せない）

中国語の古典作品を日訳する際には、今でも訓読という手法が用いられます。学生の訳は訓読を使って、正しくメッセージを伝えましたが、文語なので少しわかりにくいです。ですから、一番親切な方法としては、

まず訓読しておいて、さらに現代語訳を付け加えれば、原文の味わいと訳文のわかりやすさを両立させることが期待できます。もちろん、通訳の現場は時間との戦いですから、訓読せずにそのまま現代語で訳す場合もあります。ケースバイケースで考えましょう。

【关键表达】

原文	参考訳
君子一言，驷马难追	君子一言四頭立ての馬車も追う能わず （君子は、一度口に出したことは取り消せない）
决不食言	食言せず
成语	成語

【原文❸】

　　君子的形象在中国文化中可谓比比皆是。比如，中式花园多会种上"花中四君子"——梅、兰、竹、菊。这几种花木因符合中国人的审美观和价值观自古以来备受推崇。兰，素雅芬芳，居幽谷而自若，堪称与世无争的谦谦君子；菊，质朴馥郁，开于晚秋，不与百花争艳，不争名不倨傲，堪称与世无争的旷达君子；竹，挺拔长青，不卑不亢，自由不羁，堪称超然物外的洒脱君子；梅，开于严寒，艳而不俗，坚忍无畏，堪称威武不屈的凛然君子。

【学生译文】

　　中国文化において、君子のイメージは多くの分野にわたって存在しています。例えば、中国の伝統的な庭園に、梅、蘭、竹、菊という「花の四君子」の姿がよく見かけられます。蘭は俗世間と離れた山間にひっそりと咲き、ほのかな香りを放ちます。菊は百花が萎み始まる晩秋の季節に静かに咲き誇り、瑞々しい香りを放ちます。竹は年中青々とする姿を保ち、卑しめず驕れずまっすぐに伸びます。梅は冬の寒さに風雪に畏れず、凛凛として開花します。梅蘭竹菊は気品の高い美しさを備え、それぞれ謙虚、淡泊、洒脱、強靱という君子に似た特徴を持っているため、中国人の美観と価値観に合致し、古くから高く評価されています。

【参考译文】

　　中国文化において、君子とは、それぞれの分野でさまざまなイメージを持つ言葉として使われています。例えば、中国の伝統的な庭園では、梅、蘭、竹、菊という「花の四君子」がよく見かけられます。蘭は俗世間と離れた山間にひっそりと咲き、ほのかな香りを漂わせます。菊は百花が萎み始まる晩秋に静かに咲き誇り、瑞々しい香りを放ちます。竹は年中青々とした姿を保ち、卑しめず驕らず、まっすぐに伸びています。梅は冬の風雪を畏れず、凛々とその花を咲かせます。梅蘭竹菊は気高い美しさを備え、それぞれ謙虚、淡泊、洒脱、強靱という君子の特徴を有しています。そのため、これらの花は中国人の美的感覚と価値観に合致

し、古くから高く評価されています。

【解説】

　1. この部分は文学的な表現が多く、通訳者の文学的な素養と日本語の表現力が試されているところですが、学生の訳はそれなりによく乗り越えたといえましょう。そして、ところどころに通訳者の努力の痕跡が残っています。例えば、"这几种花木因符合中国人的审美观和价值观自古以来备受推崇"という文を最後に持っていって全体的なまとめとして訳す工夫をしたところです。それにより、全体的に「総」、「分」、「総」という順序に沿って流れていき、文全体のロジックもよくなり、すっきりとした感じになりました。

2. 香りを放ちます→香りを漂わせます／開花します→花を咲かせます
　学生の訳は間違いではありませんが、「香りを漂わせる」、「花を咲かせる」のほうが文学的な描写なので、原文の味わいがより出せると思います。
　日本語の中には一つのコロケーションとして機能する「名詞＋を＋動詞使役形」構造があります。「香りを漂わせる"花香四溢"」、「花を咲かせる"开花"」、「不信感を募らせる"质疑"」、「筆を走らせる"奋笔疾书"」、「心を躍らせる"心花怒放"」、「世間を騒がせる"引起轩然大波"」などがその例です。使役の構造になっていますが、中国語に訳すときは、"让"などを使って、使役に訳してしまうと、非常に不自然な訳文になります。中国語にない表現なので、論理的に考えずに、取り合えず頭の中に叩き込んで、自分のものとして使ってみましょう。これが外国語を習うときのテクニックといえましょう。

3. 符合中国人的审美观和价值观→中国人の美観と価値観に合致し→中国人の美的感覚と価値観に合致し
　中国語に引きずられ、"审美观"を「美観」と間違えて訳したので、訳文がぎくしゃくし、理解の邪魔になっています。「美観」は表面的な

美しさを指すので、感覚ではありません。つまり、「美しい景色、景観」のことです。ちなみに、「審美眼」という言葉もあり、「美的な感覚に基づくもの、美を識別する能力」という意味で用いられます。よく「審美眼を持つ」、「審美眼を養う」というように使われます。

4. 君子的形象在中国文化中可谓比比皆是→中国文化において、君子のイメージは多くの分野にわたって存在しています→中国文化において、君子とは、それぞれの分野でさまざまなイメージを持つ言葉として使われています

　学生の訳は工夫の跡が見られますが、まだ直訳に近い部分が残っています。この文はこの段落の最初に来ていることから、この段落における話題を示しています。このような場合はすぐ後に具体的なことがらが来ることが多いです。なので、それを想定しそれに沿った訳を心がけるとよいでしょう。ここでは、さまざまなものが君主のイメージにたとえられていることがわかるように訳すとよいと思います。

【关键表达】

原文	参考訳
中式花园	中国の伝統的な庭園
幽谷	俗世間と離れた山間
素雅芬芳	ほのかな香りを漂わせる
质朴馥郁	瑞々しい香りを放つ
不卑不亢	卑(いや)しめず驕(おご)らず
花香四溢	香りを漂(ただよ)わせる

【原文❹】

再如，茶道中一套完整的茶具称为"茶道六君子"。还有一副药效温和老少皆宜调养脾胃的中药，包含人参、甘草、白术、茯苓四味，名为"四君子汤"。

【学生译文】
　　また、中国の茶道において、一セットの茶器は「六君子」と呼ばれています。漢方方剤のうち、人蔘、甘草、白朮、茯苓で作られる「四君子湯」もあります。この方剤は薬効が温和で、胃腸の調子を改善する効果があり、お年寄りにも子供にもよいとされます。

【参考译文】
　　また中国の茶道において、茶器一式は「六君子」と呼ばれています。そして、漢方薬の中には、人蔘、甘草、白朮、茯苓から作られる「四君子湯」というものもあります。この薬剤は効き目が穏やかで、胃腸の調子を改善する効果があり、お年寄りにも子供にもよいとされています。

【解说】
1. 一套完整的茶具→ 一セットの茶器 → 茶器一式

　　日本語の数量詞の表し方は中国語と異なり、通常、名詞の後において表します。例えば、「牛一頭」、「鶏一羽」などです。それにあたる中国語は"一头牛""一只鸡"になります。

2. 药效温和→薬効が温和→薬剤は効き目が穏やか

　　学生は"温和"を「温和」と訳しましたが、日本語の「温和」は気候や人の性格には使えますが、薬が温和だというのは自然な表現ではありません。中国語と日本語は、漢字を共有することは便利な反面、落とし穴にもなっています。学生の訳は完全に間違っているとは言えないものの、耳でキャッチする場合には、やはりぴんと来ないのが実情です。

　　ちなみに、文化関連用語を日訳する際には、「異質化」という方法がよく取り上げられます。それを使うことによって、中国語のもともとの

文化を伝えられるというメリットを持っています。一方、「異質化」という方法を使わない場合は、「受容化」という方法がよく使われます。異質化なのか、それとも受容化なのか、結局ケースバイケースで選択するものであって、訳者が総合的に判断した上での取捨選択の結果と言えましょう。

【关键表达】

原文	参考訳
人参	人蔘（にんじん）
甘草	甘草（かんぞう）
白术	白朮（びゃくじゅつ）
茯苓	茯苓（ぶくりょう）
药效温和	薬の効き目が穏やかである
老少皆宜	お年寄りにも子供にもよい
调养脾胃	胃腸の調子を改善する効果がある

第四単元　中国的君子文化

【原文❺】
　　"君子"一词在汉语中也随处可见。如果一个人有道德操守，人们会评价他是个君子；口头达成的协议叫"君子协定"，因为他们相互信任，认为对方是君子有诚信；如果一个中国人陷入哈姆雷特的境地，他不会说："生存还是死亡。"而会说："君子报仇，十年不晚。"

【学生译文】
　　中国語においても、「君子」という言葉がよく見られます。人徳の高い方は君子と讃えられます。口約束した双方が互いに相手が君子だと信頼して、信用があると認めるため、口約束はまた「君子（紳士）協定」と呼ばれます。中国人がハムレットの窮地に陥った場合、「生きるべきか死ぬべきか」を言わず、「君子の仇討ちは十年の後でも遅くはない」を言います。

【参考译文】
　　中国語には「君子」という言葉がよく見られます。人徳の高い人は君子と讃えられます。口約束が「君子（紳士）協定」と呼ばれるのは、口約束した双方が互いに相手を君子として信用に値する人物と認めているためです。中国人はハムレットと同じ窮地に陥ったとき、「生きるべきか死ぬべきか」とは言わず、「君子の仇討ちは十年後でも遅くはない」と言います。

【解说】
1. 在汉语中→中国語においても→中国語には

　　「においては」はややフォーマルな言い方で、「には」のほうがふつうです。もちろん、講演などを聞きに来る人の対象によっては、「においては」が使われる場合もあります。

2. 口头达成的协议叫"君子协定"，因为他们相互信任，认为对方是君子有诚信→口約束した双方が互いに相手が君子だと信頼して、信用

があると認めるため、口約束はまた「君子（紳士）協定」と呼ばれます　→口約束が「君子（紳士）協定」と呼ばれるのは、口約束した双方が互いに相手を君子として信用に値する人物と認めているためです

学生の訳は間違いではありませんが、少し順序が前後していて、ピントが外れた感じです。この部分は君子に関する中国語の表現を紹介するという内容です。まず「君子」、それから「君子（紳士）協定」、その次は「君子報仇」となっています。なので、参考訳のように、「口約束が『君子（紳士）協定』と呼ばれるのは」というように、前の内容を意識しながら、次の情報を述べたほうがわかりやすいです。順序を変えただけでも、話のポイントの顕在化につながることもあるので、単語レベルではなく、センテンスレベル、更に段落レベル、文章レベルへと頭の中の図式を広げていく努力をしましょう。

また、この部分は口約束がなぜ「君子（紳士）協定」と呼ばれるのか、その理由を説明している部分なので、学生の訳の「〜ため、〜と呼ばれます」よりも参考訳の「〜と呼ばれるのは、〜ためです」というように理由を述部部分に持ってくるとわかりやすいです。

【关键表达】

原文	参考訳
口头达成的协议	口約束
君子有诚信	君子として信用に値する
哈姆雷特	ハムレット
君子报仇，十年不晚	君子の仇討ち(あだうち)は十年後でも遅くはない

第四单元　中国的君子文化

【原文❻】

　　汉语中有还有很多关于君子的成语，如：博物君子、大雅君子、谦谦君子、岂弟君子、仁义君子、鞠躬君子，甚至是梁上君子。另外有许多俗语谚语也包含"君子"，如："量小非君子""君子爱财取之有道""莫以小人之心度君子之腹""君子成人之美"等。

　　既然"君子"在中国文化中如此重要，那什么是"君子"？如何成为"君子"呢？

【学生译文】

　　また、中国語に君子に関連する成語がたくさんあります。博物君子、大雅君子、謙謙君子、豈弟君子、仁義君子、鞠躬君子、また梁上君子などが例として挙げられます。そして、多くの諺にも「君子」がある。「器量が小さければ君子に非あらず」、「君子財を愛すこれを取るに道あり」、「小人の心で君子の腹を図る」、「君子は人の美を成す」などが挙げられます。

　　つまるところ、中国文化において、君子は極めて重要な位置を占めています。では、「君子」は何ですか。どうすれば「君子」に成れますか。

【参考译文】

　　また、中国語に君子に関連する成語がたくさんあります。博物君子、大雅君子、謙謙君子、豈弟君子、仁義君子、鞠躬君子、梁上君子などが例として挙げられます。そして、多くの諺にも「君子」が使われています。「器量が小さければ君子に非あらず」、「君子財を愛すこれを取るに道あり」、「小人の心で君子の腹を図る」、「君子は人の美を成す」などが挙げられます。

　　このように、中国文化において、君子は極めて重要な位置を占めています。では、「君子」とは何でしょうか。どうすれば「君子」になれるのでしょうか。

【解说】

1. 諺を訳す方法

241

日本語の諺は、その出典が中国の文献からのものも多いです。ですから、文脈を除いて考えれば、日本語と中国語の両方にあるものの場合は、そのまま置き換えてよい場合があります。例えば、「地獄の沙汰も金次第（有钱能使鬼推磨）」、「青は藍より出でて藍より青し（青出于蓝而胜于蓝）」などです。

　また、ない場合は、中国語あるいは日本語の中にイメージが同じ表現がないか探してみることです。もしあれば、「異質化」という方法と「受容化」という方法の両方が考えられますが、それぞれにメリットとデメリットがあります。「受容化」の場合は読者にとって親近感があり理解しやすい反面、ソースランゲージの文化背景に関するメッセージをインプットするチャンスがなくなってしまいます。「異質化」の場合はソースランゲージの文化関連情報を伝えられるものの、なじみのない表現なので、多少違和感を覚えたりするでしょう。たとえば、「腐っても鯛」は"瘦死的骆驼比马大"とよく訳されます。日本語の原表現と中国語の訳は伝えたい意味はほぼ一致していますが、しかし海の幸に代表される鯛のイメージが消えてしまうというデメリットがあります。もし同様の表現がなければ、解釈という訳し方で処理するしかありません。

2. 那什么是"君子"？如何成为"君子"呢？ → では、「君子」は何ですか。どうすれば「君子」に成れますか。 → では、「君子」とは何でしょうか。どうすれば「君子」になれるのでしょうか。

　学生の訳は、自分のわからないことや知りたいことを相手に質問する場合に使います。つまり、質問者本人は、その答えを知らないから聞くのです。しかし、ここでは、講演者本人の言葉なので、一般にその答えは用意もしくは想定されています。その前提で聞き手に投げかけて、自分の話に相手を引き込むのです。こうした場合は、参考訳のような聞き方をします。

第四単元　中国的君子文化

【关键表达】

原文	参考訳
成语	成語(せいご)
俗语谚语	諺(ことわざ)、慣用句
量小非君子	器量(きりょう)が小さければ君子に非あらず
君子爱财取之有道	君子財を愛すこれを取るに道あり
莫以小人之心度君子之腹	小人の心で君子の腹を図る
君子成人之美	君子は人の美を成す

【原文 ❼】

君子之名

　　根据《说文解字》，君，尊也。从字形上看仿佛一位家长端坐，从"口"中发号施令。后来"君"演变为泛指位高治事者。商代（公元前1600—前1046）的甲骨文中并没有发现"君"字。这个字首先出现于周（公元前1046—前256)，常出现在《易经》《诗经》《尚书》等先秦典籍中，意义经历了三次变化——受尊重的人或贵族—丈夫或爱人—道德才智上优秀的人。

【学生译文】

君子の名

　　『説文解字』によれば、君は尊なり、字形を見れば、まるで主が正座して、「口」から号を発するみたいです。その後「君」の意味は身分の高い方、支配者に変わりました。商の時代（紀元前1600〜前1046）の甲骨文に、まだ「君」という字が発見されていません。周の時代（紀元前1046〜前256）に、「君」が初めて現れました。『易経』、『詩経』、『尚書』など春秋戦国時代の書物に、「君」の姿がよく見られます。意味も貴族、夫、人徳と学識に優れた人という三回の変化を経験しました。

【参考译文】

君子の名

　　『説文解字』によれば、君は尊いものであり、字形を見ると、まるで主が正座し、「口」から号令を発しているように見えるといいます。その後、「君」は身分の高い者、支配者という意味に変わりました。「君」という字は、商の時代（前1600〜前1046）の甲骨文にはまだ見られず、周の時代（前1046〜前256）に初めて現れました。『易経』、『詩経』、『尚書』など春秋戦国時代の書物には、「君」の字がよく見られます。この時期、「君」の意味は貴族から夫へ、そして夫から人徳があり学識に優れた人へと変化していきました。

【解说】

1. 君，尊也 →君は尊なり →君は尊いものである

学生は訓読という訳し方を選びました。簡潔で中国語の古文のリズム感も伝えられるものの、通訳という現場では、内容が凝縮しすぎていて、分かりにくいです。なので、参考訳では「君は尊いものであり」というように現代語訳に直しました。

2. 意义经历了三次变化——受尊重的人或贵族—丈夫或爱人—道德才智上优秀的人→「君」の意味も貴族、夫、人徳と学識に優れた人という三回の変化を経験しました→「君」の意味は貴族から夫へ、そして夫から人徳があり学識に優れた人へと変化していきました

学生の訳は間違いではありませんが、インプットした情報をそのまま変換しただけで、再整理する努力を怠ったので、訳文全体はどちらかというと、滑らかさに欠けていて、しかも、ポイントがつかみにくいです。ですから、参考訳は「意味は…へ、そして…へと変化していきました」と訳しなおしました。文の構造でその意味がすぐに判断できるので、聞き手の理解の負担が軽減されます。

【关键表达】

原文	参考訳
端坐	正座(せいざ)する
位高治事者	身分(みぶん)の高い者、支配者(しはいしゃ)
道德才智上优秀的人	人徳(じんとく)があり、学識に優れた人
发号施令	号令(ごうれい)を発している

第二讲

演讲者：穆　杨

【原文❶】
　　在孔子之前，"君子"代表社会地位；后经春秋战国兴起的知识分子阶层的注解，特别是儒家的极力推崇和宣扬，逐步由统治阶级的专称演变为"有才德的人"，成为社会各阶层共同信奉的道德人格的化身。这一变化影响深远，甚至可以说撼动了贵族封建制度下的社会基础。按出身和财富划定的世袭精英阶层被德才兼备的君子阶层所取代。

【学生译文】
　孔子まで、社会的な地位を表す「君子」は、後に春秋戦国時代に登場した知識人・学者の解説、とりわけ儒家の称賛と発揚を受けて、支配者という身分から「人徳と学識に優れた」人に徐々に変わり、社会の各階層が共同に信じて尊ぶ完璧な人格になりました。この変化の影響が、貴族封建制度の社会基礎を揺るがすほど深いものです。つまり、身分や富によって決められた世襲のエリート階層は人徳と学識に優れた君子階層に取って代わられたわけです。

【参考译文】
　　孔子が現れる以前、「君子」とは社会的地位を表す言葉でした。その

後、春秋戦国時代に登場した知識人・学者の学説、とりわけ儒家による称賛と称揚を受けて、「君子」は「支配者という身分」から「人徳があり学識に優れた人」という意味へと徐々に変わり、やがて社会のどの階層からも信仰される完璧な人格者という意味へと変わりました。この変化の影響は、貴族的封建制度の社会的基盤を揺るがすほど大きなものでした。つまり、身分や富によって決められた世襲の特権的階層は、人徳があり学識に優れた君子に取って代わられたわけです。

【解説】
　1. 逐次通訳のトレーニングの際には、まず骨組みとなる情報を確実につかみ、次に枝となる情報を付け加えていくという順で練習しましょう。そうすれば、産出された情報がより明晰化され、木を見て森を見ずという現象も避けられると思います。学生の訳と参考訳の違いは正にそこにあるのではないでしょうか。具体的には、前半の部分は変化の時間とプロセスが線となり、情報を繋げていったので、通訳する際には、「…以前…その後…やがて…」というようにそれをはっきりと伝える必要があります。

2. 在孔子之前，"君子"代表社会地位 → 孔子まで、社会的な地位を表す「君子」は → 孔子が現れる以前、「君子」とは社会的地位を表す言葉でした

　学生の訳では、この文は次の文の連体修飾語として処理されています。連体修飾語を意識的に取り入れようとする姿勢は評価できると思いますが、しかし、この文の場合は後ろの文とは従属的な関係ではないので、連体修飾語にしては少し重いと思います。特に通訳の場合は情報伝達の分かりやすさが求められるので、「孔子が現れる以前、『君子』とは社会的地位を表す言葉でした」というように単独の文として処理したほうがすっきりします。

3. 有才徳的人 → 人徳と学識に優れた → 人徳があり学識に優れた人

学生の訳は聞いてわからないことはないですが、やはり違和感があります。「学識に優れている」とは言いますが、「人徳に優れている」とは言わないからです。どの言葉とどの言葉が相性がいいのか、ふだんトレーニングする際に、その組み合わせをきちんと覚えておくと、いざというときに自分の瞬発力になり、訳質の改善にもつながると思います。

　また、ひとつの動詞でまとめて受けるのであれば、「人徳と学識が備わった人」または「人徳と学識を兼ね備えた人」などの言い方があります。「優れる」という動詞を使うのであれば、「人格の優れた～」や「優れた人柄」などの言い方もあります。しかし、人格や人柄は後に形成された部分が多く、徳とは少し異なり、原文の意味からもはずれてしまうように思います。

【关键表达】

原文	参考訳
贵族封建制度	貴族的封建（ほうけん）制度
按出身和财富划定	身分や富によって決められる
世袭精英阶层	世襲（せしゅう）の特権的（とっけん）階層

第四单元　中国的君子文化

【原文❷】

贵族也不能天然获得君子的称谓，平民如果不断完善自我也能成为君子。君子一词从原来对"士"阶层的称谓转变为对在道德和智识方面优越者的尊称。在《论语》中"君子"一词反复出现，我们甚至可以把这本儒家经典称为"君子指南"。对于孔子来说，社会和谐要靠伦理道德维系，而君子正是儒家伦理的具体体现者。君子道德高尚，是社会成员的典范和榜样。

【学生译文】

貴族にとって、君子という人格は生まれつきのものではなくなりました。庶民も絶えず自分を磨けば君子に成れます。君子という言葉は元々貴族階層を指すが、徐々に人徳や学識に優れた人に対する敬意の表れに変わりました。「君子」という言葉が何度も繰り返された『論語』は、「君子のガイドブック」と言っても過言ではありません。孔子にとって、社会の調和は倫理道徳によって維持されています。この倫理を最も具現化したのは、他でもない君子です。人徳の高い君子は社会全員の手本です。

【参考译文】

貴族にとって、君子という人格は生まれつきのものではなくなりました。庶民も絶えず自分を磨けばいずれ君子になることができます。君子という言葉は元々貴族階級を指すものでしたが、徐々に人徳があり学識に優れた人に対する敬意の表れに変わったのです。「君子」という言葉が繰り返し現れる『論語』は、「君子になるための指南書」と言っても過言ではありません。孔子にとって、社会の調和は道徳倫理によって維持されています。この倫理を最も具現化したものは、他でもない君子です。人徳の高い君子は社会全員の手本です。

【解说】

君子一词从原来对"士"阶层的称谓转变为对在道德和智识方面优越

者的尊称→君子という言葉は元々貴族階層を指すが、徐々に人徳や学識に優れた人に対する敬意の表れに変わりました→君子という言葉は元々貴族階級を指すものでしたが、徐々に人徳があり学識に優れた人に対する敬意の表れに変わったのです。

　学生の訳の「～を指すが、」の部分は、参考訳もしくは「～を指しましたが、」のように「です・ます」の形をとります。このような講演を含め、公の場では通常、「です・ます」を使います。この文は一文にまとめられていますが、意味的には二つの文をつなげた構造になっています。このような場合は、前の部分でも「です・ます」を用いて表現します。

【关键表达】

原文	参考訳
平民	庶民（しょみん）
"君子指南"	「君子（くんし）になるための指南書（しなんしょ）」
社会和谐	社会の調和（ちょうわ）
社会成员的典范和榜样	社会全員の手本（てほん）

第四单元　中国的君子文化

【原文❸】
　　更重要的是任何希望完善自我的人都可能成为君子，这和西方的"绅士"相仿，都是靠自我修养可以达到的目标。君子是美德与智慧的化身，孔子借"君子"劝喻帝王将相，培养门生，教化全社会。孔子希望培养出一代代的君子，用他们来治世便能天下太平、四海同乐。

【学生译文】
　　更に重要なのは、欧米文化の「紳士」と同様、自分を磨きたいという望みがあれば、誰でも修養を積めば、君子の人格を身に付けることができます。孔子は道徳と知恵の結晶である君子のイメージを以て、帝王や大臣を諫めたり、弟子を育てたり、社会を教え導いたりしました。このように育てられた君子は世を治めて、天下泰平の世の実現が孔子の望みです。

【参考译文】
　　更に重要なのは、欧米文化の「紳士」と同様、自分を磨きたいという望みがあれば、誰でも修養を積めば、君子の人格を身に付けることができるということです。孔子は道徳と知恵の結晶である君子のイメージを以て、帝王や大臣を諫め、弟子を育て、さらには社会を教え導きました。このように育てられた君子が世を治めて、天下泰平の世を実現することこそが孔子の望みなのです。

【解说】
1. 更重要的是→更に重要なのは→更に重要なのは…ということです
　　「～のは～ということです」は構文上の約束事なので、センテンスが長くてもしっかりとそれを終わらせるようにしましょう。

2. 劝喻帝王将相，培养门生，教化全社会→帝王や大臣を諫めたり、弟子を育てたり、社会を教え導いたりしました→帝王や大臣を諫め、弟子を育て、さらには社会を教え導きました

251

「～たり～たり」で文を繋げていっても問題なさそうですが、当時の状況と結び付けて考えれば、やはり三つの事項の間は並列の関係ではなく、度が増していく関係だと気づくはずです。つまり、帝王や大臣を諫めることから弟子を育てることへと広がり、さらに社会を導いていくまでに飛躍するという段取りを踏んでいるという背景的な意味が潜んでいるのです。意味の理論を唱えたセレスゴビッチ氏は、非言語化という概念を打ち出しました。意味をくみ取り、言葉を忘れるというのも、通訳実践を行うときの有力な理論的支柱です。表面的な意味にとどまらず、話者の真意はどこにあるのか、最も伝えたいことは何なのかと、話者、あるいはテクストと対話し、その真意を無限に問いかけるのが通訳者に求められている姿勢だと言えましょう。

3. 孔子希望→…が孔子の望みです→…が孔子の望みなのです

　ここはまとめに当たるような内容なので、「です」より「のです（のだ）」のほうが説明の意味合いが入っていて、情報の明晰化につながると思います。

【关键表达】

原文	参考訳
完善自我	自分を磨く
美德与智慧	道徳と知恵
劝喻帝王将相	帝王や大臣を諫める
培养门生	弟子を育てる
教化全社会	社会を教え導く
治世	世を治める
天下太平	天下泰平

第四単元　中国的君子文化

【原文❹】
　　那么儒家是如何定义"君子"的呢？究其本质"德"字当先。儒家的道德核心主要包括：仁、义、礼、智、信等。君子首先要自觉按照儒家道德准则要求自己。"君子"的反义词是"小人"。"小人"指卑鄙、无耻、不择手段达到自我目的的人。

【学生訳文】
　儒家の「君子」の概念を突き詰めれば、その本質が「徳」です。儒家の徳の核心は仁、義、礼、知、信などです。君子に成るのは、まず自ら進んで儒家の道徳規範に従わねばなりません。「君子」の対義語は「小人」です。「小人」とは自分の利益のために手段を選ばない卑怯な人間のことです。

【参考訳文】
　儒教の「君子」の概念を突き詰めると、その本質は「徳」です。そして、「徳」の核心は仁、義、礼、知、信などです。君子になるには、まず自ら進んで儒教の道徳規範に従わねばなりません。一方、「君子」の対義語は「小人」です。「小人」とは自分の利益のために手段を選ばない卑怯な人間のことです。

【解説】
　前にも述べたように、通訳にしても翻訳にしてもインプットした情報を再整理する際には、段落間のロジック関係をはっきりと示す努力が必要です。中国語は"意合"だと言われ、文と文のつながりは一般に接続詞あるいは接続助詞によって表されるのではなく、内包する意味で結ばれています。一方、日本語の場合は、接続詞や接続助詞などが文のロジック関係を示すうえで大きな役割を果たしています。なので、中国語を日本語に訳す際には、接続詞や接続助詞を積極的に取り入れないと、自然な日本語にならず、ロジック関係の整理の負荷を聞き手に押し付けることになってしまいます。この部分もそうです。「～そして」、「～一方」

253

を入れることによって、文と文のつながりがすぐにつかめるようになり、分かりやすさも増します。

【关键表达】

原文	参考訳
自觉按照儒家道德准则要求自己	自ら(みずか)進んで儒教(じゅきょう)の道徳規範に従わねばならない
卑鄙、无耻	卑怯(ひきょう)
反义词	対義語(たいぎご)、反対語
不择手段	手段を選(えら)ばない

【原文❺】

　　孔子的意思：第一是修养自己，保持严肃恭敬的态度；第二是修养自己，使周围的人们安乐；而最高层次是修养自己，使所有百姓都安乐。他也说这最后一点尧舜恐怕还难以做到呢。安天下的观念在传统知识分子心中一直被认为是个人价值的最高体现形式。君子应该忧国忧民，正如范仲淹在《岳阳楼记》所说："先天下之忧而忧，后天下之乐而乐。"

【学生译文】

　　孔子は自分の身を修めることを通じて、まず真剣で丁寧な姿勢を維持して、次に周りの人を安んじて、最後に天下万民を安んじると主張したが、自身も天下万民を安んずるのは、堯舜のような聖天子も心をなやまされたと認めました。伝統の知識人にとって、個人の最高価値が天下を治ることを通じて、漸く実現できます。正に範仲淹が『岳陽楼記』で書いた「天下の憂いに先立って憂い、天下の楽しみに遅れて楽しむ」という名句のように、君子は国と民の事を憂うべきです。

【参考译文】

　　孔子は自分の身を修めることを通じて、まず真摯に謙虚な姿勢を保ち、次に周りの人を安心させ、最後は天下万民に平安をもたらすと主張しましたが、最後の天下万民に平安をもたらすというのは、堯舜のような聖天子であっても難しいと認めていました。知識人の間では、古くから、天下を治めることこそ、個人の価値を最大限発揮することであると考えられてきました。まさしく、範仲淹が『岳陽楼記』の中で言った「天下の憂いに先立って憂い、天下の楽しみに遅れて楽しむ」という名句のように、君子は国と民を憂うべきです。

【解说】

1. 根据孔子的意思：第一是修养自己，保持严肃恭敬的态度。第二是修养自己，使周围的人们安乐。而最高层次是修养自己，使所有百姓都安乐。この部分の「修养自己」は三回も繰り返されているので、日本語に訳

す際には、まとめて訳すのが一つのテクニックです。学生の訳も参考訳も「～ことを通じて、まず～次に～最後～」というように内容をまとめて簡潔に訳しています。骨組みとなる部分を見極めれば、後は枝となる情報を入れるだけでよいのです。

2. 他也说这最后一点尧舜恐怕还难以做到呢→堯舜のような聖天子も心をなやまされたと認めました→堯舜のような聖天子であっても難しいと認めていました

　原文は"尧舜恐怕还难以做到"となっていますが、つまり、堯舜のような聖天子であっても天下に平安をもたらすのは難しく、なかなか到達できない境地であるという意味です。学生は「心をなやまされた」と解釈しましたが、少し原文とは意味のずれが生じました。ここは解釈よりそのまま原文の意味に沿って訳せばよいと思います。

3. 最高层次是修养自己，使所有百姓都安乐→最後に天下万民を安んじると主張したが、自身も天下万民を安んずるのは→最後は天下万民に平安をもたらすと主張しましたが、最後の天下万民に平安をもたらすというのは

　以前にも触れましたが、講演なども含めて公の場では、一般に「です・ます」を使います。ここでは、文と文をつなげて一文にしていますが、意味的には二つの文なので、前の文も「です・ます」を使います。

4. 安天下的观念在传统知识分子心中一直被认为是个人价值的最高体现形式→伝統の知識人にとって、個人の最高価値が天下を治めることを通じて、漸く実現できます→知識人の間では、古くから、天下を治めることこそ、個人の価値を最大限発揮することであると考えられてきました

　学生の訳には一定の努力の跡が見られますが、さらに一歩進んで、なめらかでわかりやすい日本語にする必要があります。下線を引いた単語やフレーズの部分だけでなく、一文さらには前後の文脈も考慮に入れて

訳出しましょう。そのとき、原文の文の構造の理解も大切ですが、その意味するところをしっかりとつかみ、それを日本語の構造で表現していくことが大事です。

【关键表达】

原文	参考訳
知识分子	知識人（ちしきじん）
先天下之忧而忧，后天下之乐而乐	天下の憂（うれ）いに先立って憂い、天下の楽しみに遅れて楽しむ
忧国忧民	国と民を憂う

第三讲

演讲者：穆　杨

【原文❶】

　　君子修身、处世、法天，而后达到一种理想的精神境界。"君子道者三，我无能焉：仁者不忧，知者不惑，勇者不惧。"这是一种理想的境界，就连孔子本人也坦承自己做不到，但这无疑是君子的最高精神境界。试想一个人因为对他人和世界充满爱心而从不会良心不安，所以不烦恼；对宇宙人生及自己在时空中的位置通透了然，所以不迷惑；对于该做之事勇于面对承担，所以不恐惧。想来世间的事是没什么可烦恼的了，这是一种多么令人羡慕的精神境界啊。

【学生译文】

　　身を修めて、世間を渡って、天に従う事を通じて、君子は理想の精神世界を築きました。「君子の道なる者三あり。我能くする無し。仁者は憂えず、知者は惑わず、勇者は懼れず」という理想は、間違いなく君子の最高の精神状態です。想像してみれば、他人や世界を愛する人間は、憂うことがない、宇宙や人生そして自分の居場所をよく知る人間は、惑わされることがない、しっかり責任を担う人間は、恐れることがありません。このような人間は、世間に居て、悩まされることが一つもありません。何と羨ましい精神状態です。孔子でさえ、この状態に達していないと認めました。

第四单元　中国的君子文化

【参考译文】

　　身を修め、世間を渡り、天に従う事を通じて、君子は理想の精神状態に到達することができます。「君子の道なる者三あり。我能くする無し。仁者は憂えず、知者は惑わず、勇者は懼れず」という理想は、間違いなく君子の最高の精神状態です。考えてみると、他人や世界を愛する人間は、憂うことがありません。宇宙や人生そして自分の居場所をよく知る人間は、惑わされることがありません。きちんと責任を担う人間は、恐れることがありません。このような人間は、世間に身を置きながらも、悩まされることが一つもありません。何と羨ましい精神状態でしょう。孔子でさえ、自分はこの状態に達していないと言っているのですから。

【解说】

1. 试想→想像してみれば→（このように、こうやって）考えてみると

　　「試想」はもし文脈がなければ、「想像してみれば」と訳してもよい場合がありますが、ここでは聞き手に注意を喚起しながら、前の話題の線に沿って話を続けているので、直訳ではなく、もう少しコンテクストを念頭に入れ、柔軟に訳したほうが自然だと思います。例えば、「このように考えれば」、「こうやって考えると」などです。

　　また、「試想」という原文に拘らずに、「他人や世界を愛する人間であれば…宇宙や人生そして自分の居場所をよく知る人間であれば…きちんと責任を担う人間であれば…」というように、仮定を表す形をとって表現してもよいでしょう。

2. 想来世间的事是没什么可烦恼的了→世間に居て、悩まされることが一つもありません→世間に身を置きながらも、悩まされることが一つもありません

　　どのようにしたら原文のメッセージを過不足なく伝えることができるのか、話者の真意はいったい何なのか。これは通翻訳する際には必ず考えなければならないことですし、また考えて考えすぎるということはありません。君子の精神状態は俗世間とは一線を画したところにある

ので、「世間に身を置きながらも」というように原文の情報をくみ取り、より明示化する形で訳したほうが前後の文脈の内容にふさわしいだけでなく、話者の真意を的確に伝えることができます。

3. ……不会良心不安……精神境界啊→～～憂うことがない（中略）何と羨ましい精神状態です→～憂うことがありません（中略）何と羨ましい精神状態でしょう

ここでは講演の場での通訳なので、通常は「です・ます」体を使います。なので、一般に参考訳のようになります。また、参考訳では、中略の部分も含めて、文末はすべて「ありません」が使われています。すこしくどいように感じますが、逐次通訳の場合は、センテンスごとに区切って訳すことも多いので、現場ではこれでよいでしょう。

以上は一般論で、実はここでは学生の訳も成り立ちます。「ない」と強く否定することによって、またそれを重ねて用いることによって、具体的な例を列挙している原文の持つリズムを日本語に訳出することができます。

同様に、「何と～でしょう」は典型的な通常の受け方ですが、学生訳のように「何と～精神状態です」と名詞述語文にすることによって、強調の意味を含めることができます。ここではその効果がよく出ていると思います。

【关键表达】

原文	参考訳
不烦恼	憂うことがない
不迷惑	惑わされることがない
不恐惧	恐れることがない

第四单元　中国的君子文化

【原文❷】
　　君子的境界对焦虑的现代人很有启示。君子摆脱了物欲的奴役，获得精神上的快乐。"君子役物，小人役于物。"（《荀子》）意思是君子只是把物拿来使用，而小人却被物欲所奴役。《论语》开篇"学而时习之，不亦说乎？有朋自远方来，不亦乐乎？人不知，而不愠，不亦君子乎？"讲的不就是一种超越物质和人事烦扰的快乐吗？

【学生译文】
　　焦りが募っている現代人は、君子の精神世界から多く学べます。君子は物欲に囚われず精神の喜びを求めます。正に「君子は物を役し、小人は物に役せらる」（『荀子』）です。（君子は物を使うのに対して、小人は物欲に司られ。）『論語』の始まり「学びて時に之を習う。亦た説ばしからずや。朋有り、遠方より来たる。亦た楽しからずや。人知らずして慍おらず、亦た君子ならずや」は、物質と人間関係の悩みを超える喜びを語りました。

【参考译文】
　　何かに追われているかのように忙しく過ごしている現代人は、君子の精神状態から学ぶことが多くあります。君子とは、物欲に囚われず精神の喜びを求めます。まさしく「君子は物を役し、小人は物に役せらる」（『荀子』）（君子は物を使うのに対して、小人は物欲に支配される）です。『論語』の冒頭の文、「学びて時に之を習う。亦た説ばしからずや。朋有り、遠方より来たる。亦た楽しからずや。人知らずして慍おらず、亦た君子ならずや」は、物質と人間関係における悩みを超越する喜びを語っています。

【解说】
1. 君子的境界对焦虑的现代人很有启示→焦りが募っている現代人は、君子の精神世界から多く学べます→何かに追われているかのように忙しく過ごしている現代人は、君子の精神状態から学ぶことが

261

多くあります

"焦虑的现代人"は、学生の訳では「焦りが募っている現代人」と訳されていますが、「焦虑」は「毎日いらいらして、落ち着かなく、心のゆとりが感じられない状態」を指し、ただの「焦り」とはレベル的に異なります。ですから、「心のゆとりがない現代人」、あるいは参考訳のように「焦虑」の具体的な意味を解釈して、「何かに追われているかのように忙しく過ごしている」と訳しましょう。

2. 超越物质和人事烦扰的快乐→物質と人間関係の悩みを超える喜び→物質と人間関係における悩みを超越する喜び

　学生の訳と参考訳とは大差がないように見えますが、実際は違います。実は、原文に対して二つのルートの解釈が可能です。そして、学生の訳も両方の意味に取れるように訳しました。しかし、原文の文脈から考えると、やはり中国語の「快乐」は二つのことを指していることがわかります。一つは「超越物质烦扰的快乐」で、もう一つは「超越人事烦扰的快乐」です。なので、参考訳では「物質と人間関係における悩み」と直しました。

第四単元　中国的君子文化

【原文❸】

　　孔子还赞赏他的一个学生："贤哉，回也！一箪食，一瓢饮，在陋巷，人不堪其忧，回也不改其乐。贤哉，回也！"(《论语·雍也》)颜回安贫乐道，他的快乐就连孔子都很佩服。

【学生译文】

　　また弟子の顔回が清貧に甘んじ、自分の信念に満足して暮らすことに孔子は感服し、「賢なるかな回や。一箪の食、一瓢の飲、陋巷に在り。人は其の憂いに堪えず。回や其の楽しみを改めず。賢なるかな回や」と顔回の喜びを讃えました。

【参考译文】

　　孔子は弟子の顔回が清貧に甘んじ、自分の信念に満足して暮らすことに感服し、「賢なるかな回や。一箪の食、一瓢の飲、陋巷に在り。人は其の憂いに堪えず。回や其の楽しみを改めず。賢なるかな回や」と、顔回の喜びを讃えました。

【解说】

　　後ろにある総括の部分を前に持っていくことで、話の筋がよりわかりやすくなる一例です。いきなり中国語の古文から入ると、意味がすぐには捉えられないので、順序を変えたほうが理解の手助けになるのは明らかでしょう。同時通訳と違って、逐次通訳の場合は順序の調整がきくので、分かりやすさと滑らかさを念頭におき、許される範囲でアレンジしてよいでしょう。

【关键表达】

原文	参考訳
君子役物，小人役于物	君子(くんし)は物(えき)を役(しょうじん)し、小人(しょうじん)は物(えき)に役(えき)せらる
安贫乐道	清貧(せいひん)に甘(あま)んじ、自分(じぶん)の信念(しんねん)に満足(まんぞく)して暮(く)らす

【原文❹】

　　君子因为待人接物皆有原则，所以不会陷入人际关系的迷惑，他胸怀坦荡所以无忧无虑。正所谓"君子坦荡荡，小人长戚戚。"君子为人坦荡，心胸开阔，无所忧虑；小人常怀恶念，心胸狭窄，担惊受怕，忧愁恐惧。小人的快乐建立在"利"上，君子的快乐建立在"义"上，人对自我的评价是真正快乐的源泉，所以骨子里君子是快乐的，而小人是不快乐的。

【学生译文】

　　他人に接する時も、物事を扱う時も、君子は原則に従います。このため、君子は人間関係に惑わされることがありません。君子の心にわだかまりがなく、悩まされることがありません。正に「君子は坦として蕩蕩たり。小人は長なえに戚戚たり」が言った通り、君子は気持がいつも平和でのびのびとしているが、小人は心が狭く、いつも悪意を持って、びくびくして何かにおびえています。小人の喜びは「利」を源とするが、君子の喜びは「義」を源とします。自分に対する評価から、君子が真の喜びを得るため、君子は心の深層で喜びを感じますが、小人はできません。

【参考译文】

　　他人に接する時も、物事を扱う時も、君子は原則に従います。このため、君子は人間関係に惑わされることがありません。君子の心にわだかまりはなく、悩まされることもありません。まさしく「君子は坦として蕩蕩たり。小人は長なえに戚戚たり」と言われているように、君子は常に心を穏やかにし、大らかにしている一方で、小人は心が狭く、常に悪意を持ち、何かにおびえているのです。小人の喜びは「利」を源とするが、君子の喜びは「義」を源とします。自分に対する評価から、君子は真の喜びを得ます。そのため、君子は心の底から喜びを感じますが、小人にはそれができません。

第四単元　中国的君子文化

【解说】
1. 君子为人坦荡，心胸开阔，无所忧虑；小人常怀恶念，心胸狭窄，担惊受怕，忧愁恐惧→君子は気持がいつも平和でのびのびとしているが、小人は心が狭く、いつも悪意を持って、びくびくして何かにおびえています→君子は常に心を穏やかにし、大らかにしている一方で、小人は心が狭く、常に悪意を持ち、何かにおびえているのです。

　学生の訳には「のびのびとしている」、「びくびくする」というような擬声語擬態語が使われていますが、意味はともかく、この文体には少し軽すぎて、しっくりこないと思います。また"为人坦荡""心胸开阔"は堂々と人と接し、度胸が据わっているという意味なので、学生の訳の「平和でのびのびとしている」とは、またイメージが異なります。

2. 小人的快乐建立在"利"上，君子的快乐建立在"义"上，人对自我的评价是真正快乐的源泉，所以骨子里君子是快乐的，而小人是不快乐的→小人の喜びは「利」を源とするが、君子の喜びは「義」を源とします。自分に対する評価から、君子が真の喜びを得るため、君子は心の深層で喜びを感じますが、小人はできません→小人の喜びは「利」を源とするが、君子の喜びは「義」を源とします。自分に対する評価から、君子は真の喜びを得ます。そのため、君子は心の底から喜びを感じますが、小人にはそれができません。

　原文は「，」で区切り一文で説明していますが、原文が一文でも、訳文は必ず一文でなければならないということはありません。日本語に訳すときはその論理構成をはっきりさせるため、いくつかの文に分けて、いわゆる分訳することがあります。学生の訳も前半部分はきれいに分訳されています。しかし、後半部分は「理由＋結果」を一文で訳しています。もちろん、因果関係を一文で説明することはよくありますが、ここでは、特にその結果部分を強調しています。このような場合は、参考訳のように分けると、その意味をはっきりと示すことができます。

【关键表达】

原文	参考訳
君子坦荡荡，小人长戚戚	君子は坦(たん)として蕩蕩(とうとう)たり、 小人は長(とこし)なえに戚戚(せきせき)たり

【原文❺】

　　君子象征着中华文化中的完美人格。一个人可能穷其一生也不能到达那样的高度，但他可以不断地提高自我修养朝这个目标努力。正如司马迁所说："'高山仰止，景行行止.'虽不能至，然心乡往之。"君子的道德美学不是空洞抽象的，而是体现生活细节之中。君子定义也不是教条刻板的，而是有无限的生命力，那就是在任何时代塑造善和美的灵魂和生活。

【学生译文】

　　中華文化において、君子は完璧な人格です。一生を尽くしても、君子に成れないかもしれませんが、司馬遷が言った「『高山は仰ぎ、大道は行く。』至りつくことはできなくても、心が自然とそれにむいていく」ように、私たちは自分の修養を高めて、君子という目標に向けて絶えず努力することができます。君子の道徳的な美学は生活の細かい所々で表れ、決して中身がなく抽象的なものではありません。君子の定義はいかなる時代においても、生き生きとして、美しい魂と生活を創り上げていて、決して堅苦しいものではありません。

【参考译文】

　　中国の文化において、君子とは完璧な人格者のことを指します。一生かかっても、君子にはなれないかもしれません。しかし、司馬遷の「『高山は仰ぎ、大道は行く。』至りつくことはできなくても、心が自然とそれにむいていく」という言葉のように、私たちは自らの修養を高め、君子という目標に向けて絶えず努力することができます。君子の道徳的な美学は決して空虚で抽象的なものではなく、生活のあらゆるところに現れます。君子の定義はいかなる時代においても、生き生きとして、美しい魂と生活を創り上げていくという無限に広がる生命力を持っているもので、決して堅苦しいものではありません。

【解说】

1. 生活细节→生活の細かい所々→生活のあらゆるところ

学生の訳の「生活の細かい所々」は、イメージはできますが、母語の影響を受けた表現であるといえます。参考訳の「生活のあらゆるところ」のほうが一般的で、この文脈に合っているでしょう。

2. 君子定义也不是教条刻板的，而是有无限的生命力，那就是在任何时代塑造善和美的灵魂和生活→君子の定義はいかなる時代においても、生き生きとして、美しい魂と生活を創り上げていて、決して堅苦しいものではありません→君子の定義はいかなる時代においても、生き生きとして、美しい魂と生活を創り上げていくという無限に広がる生命力を持っているもので、決して堅苦しいものではありません

　　学生の訳も日本語の表現に合うように言葉の順序を調整しており、評価できます。順序を調整することで、全体的に筋が通るようになり、分かりやすくなりました。しかし、原文の情報がやや多く、学生の文全体の把握能力、情報の処理能力が落ちてしまったことから、学生の訳文は"有无限的生命力"という大事な情報を訳し漏らしています。

　　この文の骨格は"……不是……而是"となっているので、参考訳のように「無限に広がる生命力を持っているもので、決して堅苦しいものではありません」と処理したほうが構造がはっきりして、分かりやすいです。

　　また、"那就是在任何时代塑造善和美的灵魂和生活"は"无限的生命力"が具体的に指すものなので、連体修飾語として「無限に広がる生命力」の前に付け加えれば、情報を漏らすことなく、しかも自然な日本語に訳出することができます。

【关键表达】

原文	参考訳
生活细节	生活のあらゆるところ
"高山仰止，景行行止。"虽不能至，然心乡往之	「高山は仰ぎ、大道は行く」、至りつくことはできなくても、心が自然とそれにむいていく

【原文❻】

女性可以成为君子吗？

即使是在男主外女主内的时代，中国女性也在有限的空间内追求一种道德和人格上的完善，追求个人更大的社会价值。实际上《左传》中就记载了不少女性的事迹，她们的美德与其说是"妇德"不如说是"君子之德"。这些"女君子"不再囿于家庭生活而是平等地参与到社会活动中去，她们对于现代中国女性来说具有另一番性别榜样的价值。

【学生译文】

女性は君子に成れますか。

「男は外、女は内」の時代でも、中国の女性は限られた条件で、道徳と人格の向上、より大きな社会価値の実現を求めました。『左伝』で多くの女性の物語が記されました。彼女たちの美徳は「婦徳」というより、「君子の徳」というべきです。家庭生活にとらわれずに、平等に社会活動に参加した「女君子」は、現代の中国の女性にとって、手本となるものです。

【参考译文】

女性は君子になれますか。

「男は外、女は内」の時代においても、中国の女性は限られた条件の下で、道徳と人格の向上、より大きな社会的価値の実現を求めました。『左伝』にはそうした多くの女性の物語が記されています。彼女たちの美徳は「婦徳」というより「君子の徳」というべきです。家庭にとらわれずに、男性と同じように社会活動に参加した「女君子」は、現代中国の女性にとっても手本となるものです。

【解说】

1. 实际上《左传》中就记载了不少女性的事迹→『左伝』で多くの女性の物語が記されました→『左伝』にはそうした多くの女性の物語が記されています

中国語の原文には"这样的（女性）"という言葉が抜けていますが、前後の文脈からその前で述べたような女性という意味であると読み取れます。なので、たとえ原文になくても、「そうした」とか、「そのような」といった言葉を入れると、前後の話につながりができて、ロジック関係もより顕在化された形になります。このような「こそあど言葉」はふだん何気なく使っていて、無視されがちな存在ですが、ロジック関係を示すうえで重要な役割を果たしているので、意識的に入れるようにしましょう。

2. 中国女性也在有限的空间内 → 中国の女性は限られた条件で → 中国の女性は限られた条件の下で

　　学生の訳で、"空间"を「条件」と訳したのは評価できます。ただ、"空间内"の"内"が訳し漏れています。中国語の同様の表現である"……里"や"……上"などは、日本語に訳す場合、通常、省略されることが多いです。しかし、ここでは前後の文意を考えて、参考訳のように訳出する必要があります。機械的に一律に省略するというのではなく、もう一度、文脈の中で訳語を吟味することが大事です。

【关键表达】

原文	参考訳
榜样	手本（てほん）
社会价值	社会的価値（かち）